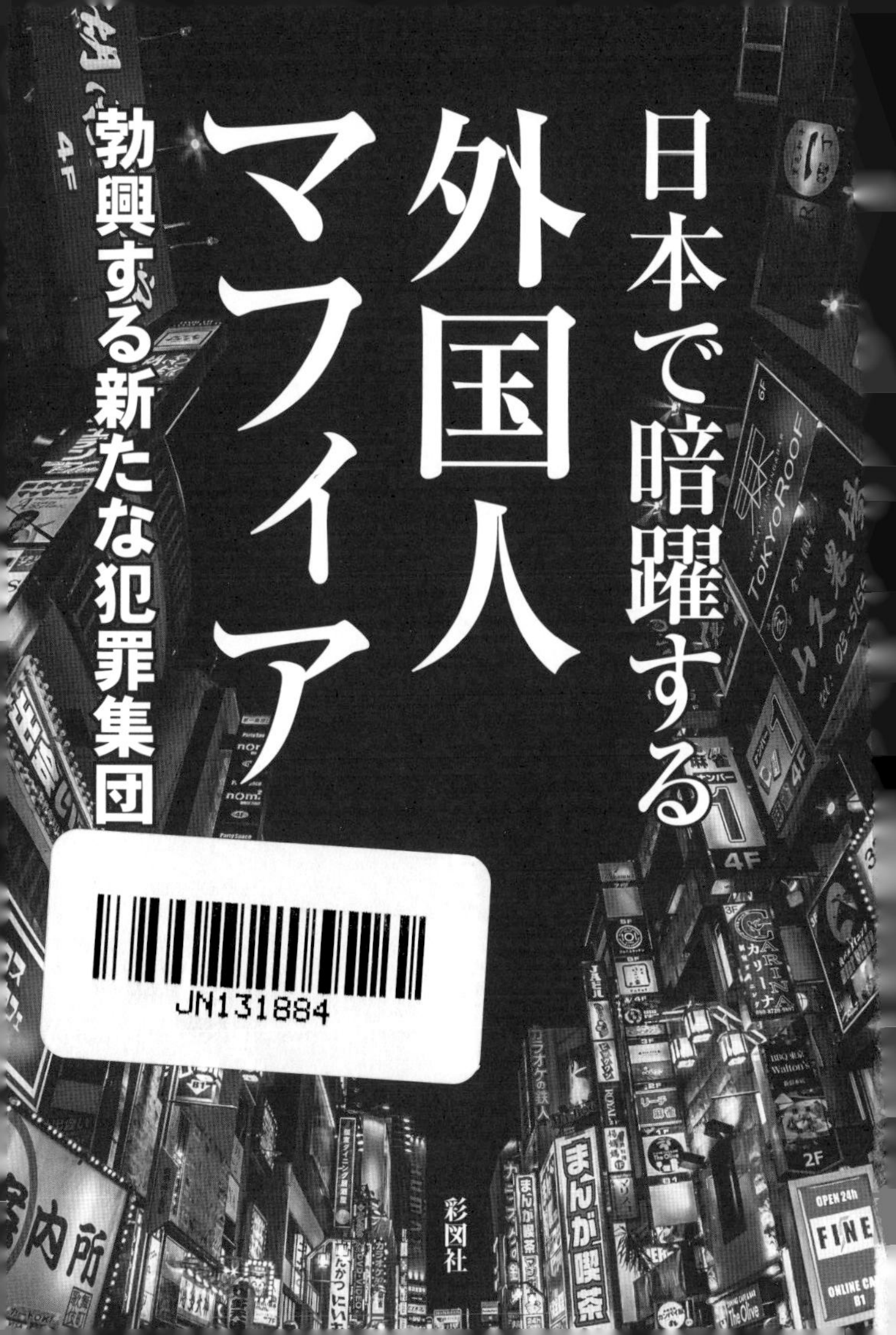

日本で暗躍する外国人マフィア

勃興する新たな犯罪集団

彩図社

はじめに

2018年、冬。私は東京都内の繁華街にある居酒屋にいた。その店は通常の居酒屋とは異なる側面を持ち合わせている。裏社会に生きる者たちが情報を共有する場所としても利用されているのだ。

私の横では暴力団構成員、半グレなどと向かい合い、ベトナム人の若者2名が話をしている。2人の名前はビン（仮名）とナム（仮名）。ビンは長髪のイケメンだが眼光が恐ろしい程に鋭く、軍人のような体格と佇まいだ。ナムはラッパーのようなヒップホップファッションに身を包んだ、感情の無いギョロ目の小柄な体型である。

ビンとナムの正体は、ベトナム人不良グループのメンバー。簡単に言えば、日本にいるベトナムマフィアだ。2人は裏社会で暮らす者特有の危険な雰囲気を漂わせているが、一般人から見れば単なるベトナム人留学生だと紹介されても違和感を覚えない容姿だ。

「今回はペイペイを使う。時間がない。すぐに動けるか？」

小声で暴力団構成員がビンとナムに言う。

「人はたくさんいる。すぐに動かせるよ」

ビンとナムは不敵な笑みを浮かべて答えた。

ペイペイは、ソフトバンクとヤフーが出資して2018年6月に設立された「PayPay株式会社」による電子決済サービス。スマートフォンを使ったバーコードやQRコードベースの決済サービスを同年10月に開始し、買い物額の20パーセントを還元（月5万円を上限）する、総額100億円までのキャッシュバックをおこなう「バラマキキャンペーン」を発表。高額還元が話題となっていた。

その後は、互いの取り分を話し合い、交渉成立である。しかし、私は自信満々の表情で料理を食べ酒を飲むビンとナムのことが気がかりだった。近年、警察庁は来日する外国人の増加に伴い、外国人で構成される犯罪集団が治安への重大な脅威となっているとして、厳しい摘発をしているからだ。

後に、ペイペイのバラマキキャンペーンは12月13日に還元額が100億円に達し、わずか10日で終了。他人名義のクレジットカード情報を不正に入手して、ペイペイの不正利用をする問題が相次いで発生したからだ。ペイペイのセキュリティ対策が問題視される事態となった。

多発するペイペイの不正利用問題はメディアにも大きく取り上げられ、氷山の一角ではあるが逮捕者も出た。私はそうした報道を見る度に、ビンとナムが捕まったのではないかと思わざるを得なかった。

結果として、ペイペイは不正利用と認められた際の補償原資を自社で全額負担することを発表するに至った。さらには類似のスマートフォン決済サービス「7pay《セブンペイ》」なども相次いで不正利用が起こり、2019年9月末をもってサービス廃止に追い込まれた。


日本は現在、世界有数の移民受け入れ国となっている。

法務省入国管理局のデータで2019年12月末の在留外国人数は293万3137人と発表され、過去最高の統計を記録した。2019年4月には、日本は少子高齢化からの労働者不足のため入管法（出入国管理法）を改正。2019年4月には、日本企業の人手不足を解消するべく、外国人労働者受け入れ拡大が急速に進んでいる。それと共にコロナ禍の現在は減少しているものの、訪日外国人も増加し、気付けば、路上、飲食店、ホテルなど日本のあらゆる場所で外国人を見かけることが当たり前になった。

やがて、私が取材のために出入りする裏社会でも外国人を多く見かけるようになった。それはある意味、現代日本の裏社会の潮流であった。

現在、日本は暴力団構成員を人間と思わない国になっている。暴対法、暴排条例などの法律や警察の取り締まり強化により、別件としか思えない事案でも逮捕されてしまい、暴力団関連事件の刑期は重くなっている。

挙句の果てには、部屋を借りられない、銀行口座も持てない、アルバイトも許されない状況だ。追い込まれた暴力団は離脱者が増加し、衰退と減少の一途を辿っている。

こうした中で、法の網を掻い潜る関東連合等の〝半グレ〟と呼ばれる新たな勢力が台頭し話題となった。そして近年、〝外国人マフィア〟も急激に勢力拡大をしている。

外国人マフィア勢力でいえば、警察庁から2013年に準暴力団指定をされた、中国残留孤児の2世、3世を中心に組織された集団・怒羅権《ドラゴン》が有名だが、最近では彼ら以外にもいくつもの外国人マフィアグループが台頭している。

永住、就労、留学などの目的で訪日外国人が増加すれば、一部は不良化した集団が出現する。どこの国の人間であろうがアウトローは生まれるのが常だ。日本人が求める清く健全な外国人のあり方から、ドロップアウトする者が出てくるのは必然だろう。

外国人マフィアの実像は、いまだ深い闇のベールに包まれたままだ。インターネットで「外国人マフィア」と検索すれば、数々の暴力事件、逮捕沙汰を起こしたニュースが出てくる。しかし、凶悪性ばかりが取り沙汰され、的を射ていないものばかりだ。

外国人マフィアの内実は、根拠の曖昧なまま都市伝説のように面白おかしく広がっていき、倫理感や道徳心を持ち合わせない粗暴な反社会勢力であると認識されていくようになった。

しかし、外国人マフィアという存在を、単なる無法者集団の一言で片付けていいのだろうか。私はそうは思わない。かつて、朝鮮半島出身者を中心として結成され、終戦直後に大阪で頭角を現し〝殺しの軍団〟と恐れられた三代目山口組系の柳川組二代目組長の谷川康太郎《たにがわこうたろう》こと康東華《カンドンファ》は、「ヤクザは哀愁の結合体」との言葉を残している。

私は外国人マフィアや暴力団を擁護し正当化する立場ではないが、アウトローは何らかの理由で裏社会に身を投じてしまった者たちの集団だ。自ら望んで暴力団や外国人マフィアグループに入る者は少数だ。裏社会に居場所を見い出すことは、日本社会で貧困、偏見、差別に晒される外国人なら尚更である。これからの日本社会に課された外国人との共存共栄というテーマが裏社会にも及んできている。

そうした悲哀に目を向け、自らが外国人マフィアと接さなければ外国人マフィアの本当の姿は分からない。強い結束力と反骨心を持って日本の裏社会を渡り歩く外国人マフィア。日本の裏社会に参入していく新興勢力に、私は興味を抱かずにはいられなかった。

日本で暗躍する外国人マフィア
勃興する新たな犯罪集団

目次

第3章

ナイジェリアマフィア ぼったくりバーと六本木パケ

第6章

第1章 ベトナムマフィア

外国人技能実習制度の闇

世間を騒がせたベトナム人不良グループ

２０２０年10月26日、ベトナム人不良グループの大規模な逮捕劇が起きた。群馬県警は東京入国管理局とも協力して１７０人態勢で、20代から30代の計13人ものベトナム人容疑者らの逮捕に踏み切った。

群馬県警は入管難民法違反などの疑いで逮捕をしたが、本当の狙いは別の事件であった。２０２０年に入ってから北関東の群馬県、栃木県、茨城県、埼玉県では、相次いで、豚、牛、鶏などの家畜が盗まれる事件が発生。被害総額は３０００万円以上に上った。

この家畜の連続窃盗事件にベトナム人の不良グループが関与した疑いがあるとして、群馬県警は捜査をしていたのだ。予想通り、室内からは大量の冷凍鶏肉などが見つかった。ＳＮＳを通じて盗んだ家畜の肉を売却する、外国人コミュニティの存在も確認されたという。

さらには同月28日にも、ベトナム人不良グループの大規模な摘発がおこなわれた。覚醒剤や合成麻薬ＭＤＭＡなどの違法薬物を所持しているとして、警視庁組織犯罪対策第５課はベトナム国籍で群馬、埼玉、大分の３県に住む22～27歳の男女10人を逮捕した。警視庁組織犯罪対策第5課は、群馬県警などと合同捜査本部を設置し、相次ぐ家畜の窃盗事件との関連も捜査をしていた。

当初から北関東で相次いでいた家畜窃盗事件は、外国人グループの仕業ではないかと噂が広がっていた。外国人への差別が広まらないようにと否定する人間も多かったが、結果的に火のない所に煙は立たぬということになってしまった。犯行をし、畜産業者に多大な被害を与えたのは、群馬県内において急増するベトナム人不良グループだったのである。

この家畜窃盗事件の主犯格といわれた〝群馬の兄貴〟のニックネームで知られる、30代後半のベトナム人男性のFacebookのページにアップされていた写真が、インターネット上で瞬く間に話題となり、数多くのメディアも取り上げた。

理由は、スキンヘッドにサングラスをして上半身裸の刺青姿で拳銃を手にした群馬の兄貴を中心に、ごつい男たちが金属バットや模造刀を持って睨みつけている写真だからだ。どう見ても健全なベトナム人のイメージとは程遠く、半グレ集団かギャング集団にしか思えない。

群馬県に現れたベトナム人不良グループとは何者なのか。私は正体を探るべく、取材を開始した。

ヤクザから見た不良グループ

群馬県某市のコンビニの駐車場には、いつも外国人がたむろしている。それもなぜか長時間だ。買い物をするのではなく、会話をしているわけでもない。地元住民も不審そうな目で外国人を見ている。しかし、外国人が集まっていることを、コンビニ店員はさして気にはしていないようだ。

「あれはＷｉ－Ｆｉ目的ですよ。スマホの本体だけ買って、電話番号は持っていなかったり、インターネットを繋いでいない外国人が多いんです。お金がないからです。だから、コンビニのフリーＷｉ－Ｆｉを使っています。たまに買い物もしてくれるんで、まあいいかなと考えてます。でも、知らない人から見たら変な光景ですよね」

日本で暮らしていて、生活費を切り詰めている外国人ならではの苦労だ。だが、北関東で家畜窃盗を繰り返していたベトナム人不良グループが、Ｆａｃｅｂｏｏｋ等のＳＮＳを利用していたことは警察の捜査で解明されたことだ。ベトナム人不良グループは、ＳＮＳを巧みに使って、窃盗した家畜を売り捌いていたことが分かっている。

しかし、不可解な点が存在する。警察が押収した解体された家畜の肉は少数で、ベトナム人不良グループが盗んだ家畜の大半がどこに消えたのかが不明なのだ。つまり、ベトナム人不良グループの犯行の実態解明はほとんどできていないのだ。

北関東を拠点にするベトナム人不良グループのことを地元群馬県の暴力団はどう見ているのか。私は親交のある暴力団関係者の小島（仮名・50代男性）のところを訪ねた。小島は凶暴な顔付き、大柄な体格でスキンヘッドに近い髪型をしている。服装も見るからに暴力団関係者という感じだ。

「ベトナム人不良グループはけしからんと怒る内容を期待していたら悪いんだけど、生み出した要因には日本人のせいが間違いなくあると思う。日本の暴力団がベトナム人を利用したんだよ。家畜窃盗事件でベトナム人不良グループが話題になる前の話だ。例えば、シノギ（資金獲得活動）で日本語学校を作って荒稼ぎしたんだよ。そこにはベトナム人も多くいた。北関東ではそこそこ有名な巨大スーパーチェーンの創業者の家族、Mを利用したんだ」

小島の語るMは地元では金持ちのボンボンとして有名で、銀行が1億円を超える多額の融資をしたのもそうした理由が背景にあるという。隣の栃木県に日本語学校を作って多くのベトナム人を留学生として呼び込んだ。小島は苦虫を噛み潰したような顔で続けた。

「ただ、ちょっとやりすぎたな。本当の目的は、ベトナム人留学生を働かせることだった。マンションの狭い一室に何人もベトナム人を押し込んで、家賃をピンハネしながらタコ部屋みたいな感じで住まわせた。Mは人材派遣会社もやっていたから、ベトナムの現地にいるブローカーとも強いコネクションがあった。Mは、しょっちゅうベトナムに行っていたよ。ベトナム人留学生に勉強をろくにさせないで、知り合いの工場とかで働かせまくっていたんだ。めちゃくちゃ、こき使ってだ。留学生は週28時間しか法律で働いちゃ駄目って決まっているのに、そこからもピンハネをした。みんなベトナムから借金して日本に来ているから、金は無いし、断れない。Mは、ベトナム人留学生の弱みに付け込んだ。

結局、Mは逮捕されてマスコミにも大々的に極悪人だと報道された。今は何しているか分からない。海外に住んでいる噂も聞く。あれじゃあ再起はできないだろうな」

いい加減な日本語学校を作り、騙して日本に連れてきたベトナム人を都合良く低賃金で働かせていたM。荒稼ぎはできたのだろうが、良心は痛まなかったのだろうか。しかし、Mと結託していた暴力団構成員の存在も私の取材では明らかになっている。外国人労働者を使ったビジネスについてどのように思うのかを小島に聞いた。

「多かれ少なかれ、日本語学校はそういうことをしていると聞いたりするよ。外国人留学生は勉強するのが目的じゃなくて、日本に稼ぎに来ているのが本音なんて山程ある話だ。実態が伴っていない日本語学校を、国が放置していることが問題だよ。世の中、表もあれば裏もある。ソープだってそうだろ。店でセックスしているけど、自由恋愛という建前なんだ。

そしてMに一分の義も無かったかといえば、俺はそうは思わない。田舎だからどこの企業も人材不足だ。給料も資金難で多くは出せない。求人を出しても日本の若い奴は応募してこない。どうにもならないよ。Mは、そういうことを地元企業の人間たちから相談されていた。

Mは逮捕されなければ、ベトナム人介護研修生を受け入れるために、地元の介護関係者と協力して組合を作る予定だった。地方の介護施設での、人材不足、資金難は深刻だよ。このままじゃ持たないだろうよ。地元の介護関係者たちと動いていた矢先の逮捕劇だった。介護施設の経営者たちからベトナム人介護研修生受け入れに期待する声は多くあった」

私は小島の話を聞いて、群馬県や栃木県の企業の人材不足、資金不足を補うために、ベトナム人が利用されていることを把握した。安価で日本人の嫌がる仕事をさせられるベトナム人の存在は、日本社会の都合である。

「だから俺は、ベトナム人不良グループを一概に悪いとは言えない。ベトナム人不良グループが出てきたのは、ベトナム人を日本人が利用しているからだよ。それで日本人が金儲けしているのさ。ベトナム人からすれば、ふざけんなって思うだろ。そんなことを日本は国としてやっているんだ。ヤクザもそうだけど、誰も望んでなるもんじゃない。中には、不良化する奴もいるだろう」
　小島は私を見ながら不敵に笑った。

外国人技能実習制度に憤る警察関係者

　2020年12月、私はベトナム人不良グループによる家畜窃盗事件の詳細を知る群馬県警関係者から話を聞いた。群馬県では、外国人犯罪を担当するのは、右翼、左翼、宗教団体などを取り締まる警備部だという。

「まず、事件内容の前になぜ群馬県に大勢のベトナム人が暮らしているかを話させてください。現在、群馬県はベトナムとの強い友好関係があります。2017年に当時の天皇陛下がベトナムを訪問した時のガイドが、群馬県の大物政治家、中曽根弘文参議院議員です。中曽根康弘元総理大臣のご子息で、ベトナムに強いパイプを持つことで知られています。2018年にベトナムのチャン・ダイ・クアン国家主席が日本を訪問した時も、最初に群馬県を訪れています。理由は、群馬県内に企業の工場がたくさんあるので、多くの外国人労働者や外国人技能実習生が必要とされているからです。群馬県の工場で人材不足が深刻化する中、ベトナム人が貴重な労働力となっています。

群馬県は外国人の人数が多く、人口の約3%が外国人です。これは全国3位の割合の高さです。昔は外国人労働者だとブラジル人、外国人技能実習生だと中国人が多かったんですが、今はブラジルも中国も著しく経済成長して豊かになったので変わりましたね。近年はベトナム人が急増しています。ジャパンドリームを夢見て、借金して群馬県に出稼ぎに来るんですよ」

群馬県とベトナムは友好関係にあり、出稼ぎ目的で訪日するベトナム人が増加していることは分かったが、なぜ家畜窃盗などの違法行為をするベトナム人不良グループが出現する事態になったのか。

「2019年の群馬県内の外国人労働者数は約4万人とも言われ、外国人労働者は群馬県を支えている必要不可欠な存在になっています。ただ、そこでですよ。何が何でも外国人を呼んで受け入れればいいってことじゃないんですね。はっきり言って、ベトナム人不良グループが台頭してきた原因は、日本の外国人技能実習制度の問題ですよ。大きく分けて3つ原因があると思います。

1つ目は、日本で働けば膨大な金が儲かると勘違いして訪日するベトナム人が多いことが問題です。実際に日本で働いてみれば、思ったよりも稼げないわけです。ジャパンドリームを夢見て日本に来たのに、こんなはずじゃなかったとなります。

2つ目は、うまい話をして騙すブローカーがいることが問題です。大抵の場合、訪日した外国人技能実習生は働いている職場に不満を抱いています。そこに付け込んで、もっと稼げる良い職場があるとか言って巧みに誘うんです。昔から、うまい話には裏があるというじゃないですか。そういうブローカーが斡旋する職場は、ほとんど劣悪なところです。気付いてからでは、もう遅いです。外国人実習生は逃げだしたら最後、入国管理局に失踪届を出されて、見つかれば逮捕されて帰国になります。

3つ目は、技能実習制度とは表向きの体裁で、大半の企業が外国人技能実習生に期待しているのは日本人がやりたがらない単純労働を低賃金でやってくれることが本音という問題です。日本人がやらない過酷な労働を外国人技能実習生はするわけですよ。長時間労働で、休みもほとんどなく、住環境とかも本当に酷くて。当然、嫌になりますよね。それじゃあ、逃げ出しますよ。逃げ出した外国人技能実習生は、まともなところじゃ働けませんからね。生きるために群れて違法なことをして金稼ぎをするしかありません。ベトナム人不良グループはそういう感じで現れてきたんです。家畜窃盗事件のベトナム人不良グループも、元々は外国人技能実習生でしたね」

私は群馬県警関係者から話を聞いていて、ベトナム人不良グループに対する怒りの感情をほとんど感じることができなかった。それよりも外国人技能実習制度に対する深い悲しみの気持ちが伝わってきた。

家畜窃盗を繰り返すベトナム人不良グループは許せない。それは至極、真っ当な意見だ。しかし、ベトナム人不良グループの台頭は、日本が国を挙げて実施する外国人技能実習制度のいびつさが大きな要因になっているのだ。

「今回の事件は予想以上に世間を賑わせました。不起訴になったベトナム人がいることで、群馬県警は大きな批判に晒されました。被害に遭った方々からすれば当然でしょう。ただ、他の真面目に働いているベトナム人が差別、偏見の目で見られることが私には耐えられません。外国人技能実習制度の問題点を改善していかなければ根本的に解決はしないと感じました。

ベトナムが豊かになって日本に出稼ぎに来るベトナム人が少なくなっても、次の新しい貧しい国からの外国人に対象が変わるだけです。犯罪を是正することは、犯罪行為をした人間を取り締まることは勿論ですが、それと合わせてきちんとした待遇で外国人を迎える日本社会にすることだと思います。群馬県は外国人と共生する多文化共生を掲げて、来年2021年4月には条例もできる予定です。その理念を嘘ではなく、忠実に実践することが大切だと考えています」

警察関係者が捉え方によってはベトナム人不良グループを擁護するような発言をしたこ

とが私には意外だった。

ベトナム人不良グループとの接触

地道な取材を重ねていた私は、家畜窃盗事件で逮捕されたベトナム人不良グループのリーダー的存在である〝群馬の兄貴〟の関係者に会うことができた。小柄でスマートなベトナム人男性、グエン（仮名・30代）は、外国人技能実習生でベトナム人不良グループの一員である。見た目はどう見ても健全な外国人にしか思えない。

グエンは警戒心が強く、取材を依頼したが何度か断られた。結局、私の古くからの知り合いの中国人を通じて取材を受けてもらうことができた。取材場所は中国人が経営する防音使用のカラオケスナックを指定され、音声の録音取材は禁止でメモ書きをするだけという条件を押しつけられた。グエンは日本語がおぼつかないので、通訳を入れての取材となった。

「ベトナム人、みんなお金に困っている。真面目に長い時間働いても、給料は少ない。雇用保険とか、いろいろ引かれて、10万円ぐらい。そこからベトナムの家族に送金したりする。送金するのは、ゆうちょ銀行が良い。手数料安い。送金したら、食事するお金も残らない。もっと稼ぎたくなる。

ベトナム人なら牛、豚、鶏、解体できる。ベトナムで教わるから。だから、家畜を盗むのは丁度良かった。群馬県、栃木県は田舎。警備も甘いし、カメラも無い。簡単に家畜を盗めた。盗んだ家畜は売ったり、自分たちで食べたりした。Ｆａｃｅｂｏｏｋで売っていたのはミスだ。自分、そんなことしない」

これまでに暴力団関係者や警察関係者に聞いてきたように犯罪の背後には生活に苦しむベトナム人の姿があるようだった。

「警察も把握できていないのですが、盗まれた家畜はどこに消えたのですか？」

「盗んだ家畜をバレないで売れる場所がある。ヒントは日本人相手じゃない。日本人の店じゃない。自分は日本人を信用しない。あなたには悪いけど。だから、今回の取材で話すことも全部じゃない。友達の紹介だから仕方なく受けた。何かあれば私の人生、壊れる。あなた、その責任は取らないし、取ることもできない」

淡々と話していたグエンが私の目をじっと見て続けた。

「変なことになれば、あなた殺す」

物騒な言葉に店内の空気が一瞬固まった。私は息を呑んだが、グエンの目を見返した。

グエンは静かに言葉を続けた。

「あなたが思っている以上に、日本で暮らしているベトナム人は大変だ。その気持ちを分かるのは、同じベトナム人か日本人以外の外国人。連絡も、記録が残らない方法を使う。仲間はＳＮＳで集めた。困っているベトナム人はたくさんだから。誰かが裏切れば、自分が暮らすこともできなくなる。結束は固い。助け合い、生きている」

　おそらくは知り合いのベトナム人や外国人が経営する飲食店で、グエンは窃盗した家畜を売り捌いたのだろう。また、連絡手段においては日本の暴力団や半グレも顔負けである。通信記録の残らないシグナルやテレグラムなどの通話アプリを使いこなしていることが把握できた。さらには、ベトナム人不良グループのメンバーは、困っているベトナム人が要員となっており、ＳＮＳで連絡を取り合って集めたことが理解できた。

「しかし、何年も時間をかけて育てた家畜を盗まれた業者のことは考えないのですか？あなたたちが困っているのと同じように彼らも困っているのですよ」

　私が問いかけると、今まで無表情だったグエンが少しだけ動揺したように見えた。

「悪いと思っている、本当。だけど自分たちも日本人に騙されてきた感覚がある。仕事は単純作業。給料安い。住む部屋は狭い。意味のない雇用保険のお金とか引かれる。もっと稼ぎたくても働かせてもらえない。日本人に媚びるベトナム人だけ評価される。日本人はベトナム人を馬鹿にしている。ずっと我慢してきた」

「犯罪をおこなう理由は日本人への復讐ですか?」

「違う。家畜を盗んだのは生きるため。ベトナム人の誰もが、犯罪したくてやってない。今までも困っていたベトナム人は、コロナでもっと大変になった。解雇されたり、ベトナムに帰れなくなったりした。私たちはとても苦しい」

グエンは怯えたような表情をして答えた。私はそれ以上グエンを責める言葉を口にできなくなった。

ベトナム人は金儲けの道具

2021年1月、新年早々、私は群馬県某市の新築の一軒家に招待されていた。美人の奥さんと、小学生の可愛い息子に迎え入れられ、高価な焼酎と手料理でもてなされる。得体の知れないフリーライターの私みたいな存在に、随分と丁寧な対応である。そうすれば悪くは書かれないと思っているのだろうか。

「どうぞ、何でも聞いてください。私はクズみたいな人間たちを集めて食べている男ですからね。派遣に来る人間はそんなもんですよ。どうしようもない人間を、うまく管理することが私の仕事なんです。その中に、逃げ出した外国人技能実習生のベトナム人もいたということですよ。日本人でもベトナム人でもクズはいるんです」

露悪的な台詞を吐く男は、人材派遣会社の幹部、高田（仮名・30代）だ。容姿はとても特徴的で成金風の詐欺師みたいな感じだ。私は招かれざる客なのだろう。高田の奥さんは、料理を作り終わるとすぐに自分の部屋に行ってしまった。

「20代のベトナム人は需要があるんですよ。今、ニートが多くて、日本人の若者は働かないでしょう。ベトナム人は人気があるんです。外国人の中でも、性格も温和で礼儀正しいし従順で。中国人は主張が強くて、嫌われてますね。ベトナム人は、特に農家から需要があります。イチゴとかモモとか盗んで問題になりましたけどね」

農業とベトナム人。外国人労働者というと、工場で単純作業をしているイメージだったが、ベトナム人は北関東の農家から引く手あまただという。深刻な人手不足に苦しんでいる日本の農家の穴埋めにベトナム人が重宝されているらしい。

ベトナム人不良グループによる北関東で相次いでいた家畜窃盗事件と共に、起こっていたことがある。あまりクローズアップはされていないが、果物や野菜の窃盗事件だ。その中には、栃木県で有名な高級イチゴ〝とちおとめ〟も含まれていたという。確証はないが、高田の話を聞く限りでは、犯人は農家で働くベトナム人だったのではないか。

「ここら辺で、ベトナム人がいないと成り立たない農家は多いですよ。ベトナムは田舎町が多くて、農業が得意なベトナム人が結構います。教えなくても仕事ができて即戦力になるんです。需要が間に合わなくて、本当はいけないんだけど農業じゃないビザで来ているベトナム人を送り込んでいるぐらいですよ。例えば、工場で働いている外国人技能実習生のベトナム人を、仕事前に早朝だけ農家で働かせたりしています。ベトナム人はもっと稼ぎたいと思っているし、農家も助かるしで双方にメリットがあります。

バレたら大変ですが、持ちつ持たれつですからね。お互いが損しますし、裏切らないですよ。給料も振込じゃなく手渡しにして、足がつかないようにします。外国人技能実習生で本来の職場から逃げ出したベトナム人も、そういう使い方をしています。失踪届を出されていたりで、まともには働けませんからね」

任天堂のゲーム機スイッチで遊ぶ子どもが隣にいるのにもかかわらず、自身が働いている人材派遣会社の闇を淡々と話す高田。高田は私と話している間、ずっと焼酎のグラスを傾けていた。私は高田がなぜ現在の仕事をしているのかを尋ねた。

「この仕事に就く前は、自動車メーカーで働いていました。給料も良かったですよ。真面目に営業の仕事を頑張っていました。でも、社長は立派な人だったんですが、息子がどうしようもない馬鹿でね。次期社長はその馬鹿になるって聞いて、そいつと反りが合わなくて辞めました。この家のローンもあるし、嫁も子どももいます。稼がないといけません。

辞めてから気付いたんですが、仕事を探していて同じような給料をもらえる会社は全然無かったんですよ。やっとの思いで見つけたのが、今の人材派遣会社です。最初はクズみたいな人間を送り込んでピンハネすることに抵抗はありましたけど、すぐに慣れましたね。世の中、使う人間と使われる人間がいる。そうやって、できているんです。私はクズで食べているクズなんですよ」

高田が悪徳な人材派遣会社で働く事情は分かった。だが、私は酒臭い息と共に高田が何度も繰り返す「クズ」という言葉が不愉快でならなかった。

「労働者をクズ呼ばわりするのは良くないと思うのですが」

「確かにそうですね。クズにはクズの良さがある。安いモヤシには、安いモヤシの良さがあるようにね。最近、私が斡旋したベトナム人が農家でミスをしたんです。キュウリの葉っぱを切っちゃったんですよ。キュウリは葉っぱを切っちゃ駄目で、キュウリの実だけ取らないと実が育たなくなっちゃう。そんな感じ。ベトナム人は私にとって光合成する葉っぱで、私の養分なんです。

結局、外国人技能実習生のベトナム人が日本社会で喜ばれるのは、日本人と違って最低賃金のような安価で働かせられるからですよ。ただ、それはベトナム人にとっても悪いことじゃありません。日本で3年とか5年、外国人技能実習生として働き、ベトナムに戻って成功している人間も知っています。私は悪いことをしていますが、良いこともやっているんですよ」

高田は酔ったのか、赤い顔で感情的に私に答えた。「ベトナム人は養分だ」と言い放った男を前に、私はこの社会の正義が何なのかが分からなくなった。すると、スイッチで遊んでいた息子が、ゲームをするのをやめて心配そうな表情で言った。

「パパは悪いことしているの？」

高田は少し考えたような表情をしたが、笑顔で息子を見つめながら返事をした。

「そうだよ」

息子はそれを聞くと、再びゲームを始めた。高田の新築の一軒家の壁には、息子が小学校で書いたらしい〝美しい心〟という習字の張り紙が飾られていた。

第2章
ネパールマフィア
暴力事件を繰り返す新興勢力

ネパール人不良グループの台頭

２０１９年2月、外国人犯罪組織を取り締まる警視庁組織犯罪対策第２課は、東京都大田区蒲田のネパール料理店で、ネパール国籍の留学生をビール瓶で殴るなどし負傷させた傷害等の疑いで、ライ・アシス（22）、ラヤマジ・アニワル（21）、カトリ・マノジャ（20）、未成年者2人を含むネパール国籍の容疑者5人を逮捕した。

５人は東京都大田区の蒲田周辺を拠点に活動するネパール人不良グループ〝ロイヤル蒲田ボーイズ〟のメンバーだった。驚くことに、ロイヤル蒲田ボーイズは、10代から20代が中心の１００名以上のメンバーが所属しているとメディア各局は報道をした。おそらく、それまで知られていなかったネパール人不良グループの存在が表沙汰となった最初の事件ではないだろうか。

その後、ネパール人不良グループによる暴力事件が相次いだ。同年3月、警視庁組織犯罪対策第2課は東京都港区内の飲食店でネパール人男性に対して、グラスで頭部を殴りつけるなどし怪我を負わせた傷害の容疑で、ネパール国籍のゴウチャン・ビギャン容疑者（44）を逮捕した。ゴウチャン・ビギャン容疑者は、30～40代の数十人規模のネパール人不良グループ〝ネパールジャパンユースクラブ〟の幹部と見られ、警視庁は組織の拡大を警戒していると報じられた。

さらには同年6月、警視庁組織犯罪対策第2課は東京都新宿区の路上で知人のネパール人男性に顔面を殴打するなどの暴行を加えて骨を折る重傷を負わせた疑いで、ネパール国籍のライ・ミラン（26）、ラマ・ディリプ（27）、ラマ・スジャン（30）、シャヒ・スニタ（30）ら容疑者4人を傷害容疑で逮捕した。4人はネパール人不良グループ〝東京ブラザーズ〟のメンバーであった。

東京ブラザーズは東京都新宿区大久保を拠点とする、10代から20代を中心とした50名程の所属メンバーを誇るネパール人不良グループだ。都内ではネパール人不良グループによるトラブルが増加傾向にあり警視庁が警戒を強めていると報道された。

3つの事件の共通点は、日本の暴力団や日本人への攻撃ではなく、同じネパール人に対しての暴力行為ということである。そして、拳銃や刃物を使用したものでもなく、衝動的なトラブルの末の事件のように推察できる。きちんとした組織体系を持っているのか、そして外国人マフィアの組織的な犯罪としてイメージの強い、みかじめ料徴収、強盗、薬物の密売などをしているのかが気になるところだ。また、そうだとしたら日本の暴力団とどのような関係性を持っているのかも興味を引く部分だ。

現在、日本に在住するネパール人の数は、2020年6月末の法務省発表によると9万5367人。著しい増加の一途を辿っている。東京都内に拠点を置くネパール人不良グループは、ロイヤル蒲田ボーイズ、ネパールジャパンユースクラブ、東京ブラザーズなどの存在が確認されているが、警視庁は勢力を拡大するネパール人不良グループを注視し全容解明に力を注いでいる。


なぜこれほどまで日本に多くのネパール人が来るようになったのか。

ネパールは、南アジアに所在する連邦共和制国家だ。人口は3000万人程の多民族国家で、宗教はヒンドゥー教が多数派を占めるが仏教、イスラム教、伝統宗教のアニミズム信仰等も混在している。経済的には、GDP（国内総生産）約323億ドル（2019／2020年度　ネパール財務省）、1人当たりGDPは、約1085ドルという少なさから世界の最貧国の1つとされている。

1996年から2006年にかけて10年に及ぶ内戦があり、ネパール国内には大きな混乱が生じた。日本に逃れてくるネパール人は増加し、2018年の日本への難民申請者約1万人の内、ネパール国籍の申請者は約1700人。国籍別では最多である。

ネパールは児童売春の温床にもなっていて、隣国のインドに貧しい子どもたちが売られることさえ頻繁にある。インドで売春は違法だが、実際には当たり前にネパールの子どもが人身売買されていて、海外から来る少年少女と性行為をしたいというマニアたちの名所となっている。

少年少女が大きくなるとマニアからすれば価値がなくなり、ニーズが変わる。性の対象から臓器移植のための材料へと変化をする。金儲けの道具にされることは同じだ。

そうした人権が問題視されるネパールの中で、日本に移り住もうとしてくる者が出てくるのは当然であろう。日本政府による外国人受け入れ拡大の政策で、就労、留学で来日をするネパール人の増加は急激に進んでいる。来日し、ネパール料理店などで働くネパール人や、日本語学校に留学するネパール人が一気に増えた。家族や仲間を呼び寄せたり、日本の永住権を取得するネパール人も多い。

東京都新宿区の新大久保駅界隈は、元々はコリアンタウンが有名で知られるが、昨今はネパール人が急増してネパールタウンが形成された。日本という国は、ネパール人からすれば救いと希望の場になったのだ。

東京ブラザーズメンバーの素顔

２０１９年6月末、私は新宿区大久保を拠点とするネパール人不良グループ、東京ブラザーズを取材しようと考えた。だが、歌舞伎町や大久保のアウトロー事情に詳しい裏社会系ライターで、東京ブラザーズの情報を持っていたり、知り合いだという者は皆無であった。けれども、意外なところで私は東京ブラザーズと繋がることができた。偶然にも長く歌舞伎町で仕事をしている、私と古くから関係のある後輩タツヤ（仮名）の友人だったのだ。タツヤに頼んで、東京ブラザーズのメンバーに取材をしたい旨を伝えてもらう。

「どんな話を聞きますか？　本人はとても警戒をしています。東京ブラザーズのことを警察が捜していて大変らしいですよ」

最初から取材ＯＫをもらうのは、難しいと考えていた。つい先日、東京ブラザーズはメンバー4名が傷害容疑で逮捕され、警視庁組織犯罪対策第2課が威信をかけた大捜査を展開している。また、記者やジャーナリストの中には、警察のスパイのような活動をしている者もいる。取材要請をするタイミングとしては最悪だった。

私は東京ブラザーズがどのような組織なのかを知りたいこと、個人を特定されないよう秘密は固く守ることなどを伝えた。

「伝えてみますが期待しないでください」

私は話を聞けなくても、挨拶だけでもさせてくれとタツヤに頼み込んだ。後日、タツヤから待望の連絡が入る。

「会ってみたら普通に話してくれるかもしれません。場面だけは作らせてもらいますね」

約束の日の夜、私は歌舞伎町を歩いていた。タツヤと東京ブラザーズと待ち合わせしている、歌舞伎町にある外国人パブ〝P〟へ行くためだ。なぜ場所が外国人パブPになったのかは分からないが、おそらく東京ブラザーズのメンバーと関係のある店なのだろう。

「ごめんなさい、自分は頭痛いので少し遅れます。店には話してあるので、先に入っていてください」

実はタツヤからは直前になって遅刻の連絡がきていた。私の中に怒りと不安の感情が湧き上がる。紹介もなく1人で東京ブラザーズのメンバーと会えというのか。

リスクを承知で店内に入ると、キャバクラよりも薄暗く、香水と煙草の交じり合った匂いが漂う怪しい空間が広がっていた。50～70代であろう日本人客が3組程いた。ベタベタと接待する外国人ホステスたち。日本人客と外国人ホステスたちの目が一斉に私に向く。どう考えても私は若過ぎるし、外国人パブPでは不審な人間であった。

「いらっしゃいませ」

南アジア出身者風の外国人のボーイが、奥から現れる。年齢はまだ若そうだ。30代前半だと思われる。浅黒い肌に、ソフトモヒカンの髪型、ぎょろっとした瞳、屈強な体型は異様さを感じさせた。ダークスーツに、白ワイシャツ、ネクタイというフォーマルな格好をしているが、店のメインである外国人ホステス以上に存在感が出ている。

外国人のボーイは、訝しげな表情で私を凝視する。こうしたバウンサー（用心棒）のような外国人のボーイがいることが、私を強烈に不安にさせた。

「タツヤの友人、真樹哲也です」

私がそう言うと、外国人のボーイは頷き、事情を把握したような顔付きをした。

店内の目立たない場所のテーブルに案内される。外国人のボーイに指示をされて、私の隣に外国人ホステスが座った。私と同世代の30代半ばに見える、ラテン系のホステスで、美しい長い髪に彫りが深く目鼻立ちがくっきりとしたセクシーな女性だ。焼酎の水割りを頼むと、ホステスは面倒臭そうに作ってくれた。

「アヤです。たくさん飲んでね」

その時、タツヤが目の前に現れた。いつものように痩せた身体に青白い顔をしたタツヤだ。

「遅れてすいません。もう挨拶できましたか?」

「いや、まだだけど」

先程、案内してくれた外国人のボーイが、他のお客さんの注文を取りつつ私に会釈をする。どうしたというのか。

「まだ気付かないの? アハハハハ」

アヤが笑いながら私を叩いた。やっと、私は気付いた。そう、私をテーブルに案内した外国人のボーイが、東京ブラザーズのメンバー、カマル(仮名)だったのだ。

「場は作りましたよ。あとは、カマルが話してくれるかですね。それにしても真樹さん、良い時計付けてますね」

私は金は無いが、時計だけは見栄えが良くなる物を付けていた。タツヤの言葉に私は事情を把握した。この外国人パブPで金を使えばいいのか。手持ちの現金は少ないがクレジットカードを持っている。

「せめて名刺だけは渡させてくれよ。というかカマルさん普通に働いてるじゃないか。良い人じゃないのか?」

「ネパール人、喧嘩大好きみたいですよ。カマルはすぐカッとなって、喧嘩しちゃうそうですよ。気をつけてくださいね」

不気味な顔で笑ったタツヤが手を上げてカマルを呼ぶ。

「自分も焼酎水割り頂戴。お姉さんも何か飲んで」

偉そうに脚を組んだタツヤが、ドリンク注文を勧める。嬉しそうな顔をしてアヤがドリンクを頼む。どうせ私の金だろう。協力してもらっている手前、文句を言うわけにはいかない。

「カマル、こちらは真樹さん。裏社会系のライター」

タツヤが私を紹介するとカマルは目が笑っていない笑みを浮かべた。

「面白い人だね」

そう言って握手をしてくれた。私はすかさず話を切り出した。

「よろしければ今度、話を聞かせてくれませんか？」

しかし、その言葉を聞いた途端、カマルは握った手を離した。

「忙しいから」

カマルはそう言い捨て、店の奥に消えてしまった。それは拒否の返事に他ならなかった。気まずい空気が流れる。その後もカマルと接点を持とうとしたが、私たちのテーブルに近付くことはなかった。私は一度仕切り直すことにした。

「今日はチェックで。最後にカマルさんを呼んでくれるかな」

アヤに会計を依頼すると、店の奥から会計を持ったカマルが出てきた。気乗りしない不機嫌そうな顔をしている。タツヤが伝票をカマルから受け取って笑った。

「2200円みたいですよ」

タツヤが私に見せてきた伝票には、確かに2200円と書かれている。時間的には1時間程のワンタイム料金だろうが、アヤにも飲ませているし安過ぎる。私はクレジットカードを出した。

「これで3万円ぐらい適当に切ってくれていいですよ」

私はカマルに言った。カマルは手のひらを向けて制止するポーズをした。アヤがクレジットカードを持つ私の手を叩く。

「いいんだってば。お金を無駄遣いしないの。その代わり、名刺をあげな」

私は財布から現金2200円を出し、名刺と共にカマルに渡した。

「タツヤの友達から高いお金は取れないね。でも、取材の協力は難しいよ。真樹、今日はありがとう」

私の名刺を受け取ったカマルは、優しい笑顔でそう言った。私の向かいの席の70代らしき常連客が昭和歌謡をカラオケで歌い出した。しかし、充電切れなのかマイクが入っていない。

カマルは急いで、別のテーブルから他のマイクを持ってきて常連客に渡した。店内に常連客の歌声が響き渡る。残念だがうまくはない。アヤも苦笑している。だが、カマルは巧みに合いの手を入れて、盛り上げていた。東京ブラザーズのメンバーは予想外に良い奴で、何だか拍子抜けしてしまった。

その後、1週間経ってもカマルからの連絡は来なかった。私はカマルの連絡先を知らない。東京ブラザーズの当事者と関わるためには、歌舞伎町の外国人パブPに行くしかなかった。私は時間さえあればライターとしての取材目的ではなく、遊びに来ている体裁で外国人パブPに通った。

高齢の常連客からは奇異な目で見られ、興味のないホステスと話し、カラオケを陽気に歌い、楽しんでいるように装う。しかし、会計は1時間いても2時間遊んでも3000円程度だった。

「安過ぎるよ」

カマルにそう言っても、私の意図を見透かしたように笑うだけで会計は変わることがなかった。私が数千円のチーズ盛りや、数万円のワインを頼もうとしても制止をする。

「真樹、協力はできないね」

信頼できる友人からの紹介であるのにもかかわらず、カマルはどうして頑なに拒否をするのか。やましいことがなければ取材を受けられるはずだ。徹底した秘密主義を貫くのは、違法行為をしている可能性が大きいということに他ならなかった。

ネパール料理店の闇

2019年7月、私は外国人マフィアと長年ビジネスをしていた元暴力団構成員のジュンジ（30代・仮名）に話を聞いていた。大柄な格闘家のような風体のジュンジは、現在はカタギとなり、真っ当な仕事で生計を立てている。数多くの外国人マフィアと関わってきたジュンジは、暴力団と外国人マフィアの違いを説明してくれた。

「ヤクザとマフィアの違いは事務所だよ。ヤクザのようにマフィアは表向きに分かる事務所を持たない。マフィアは姿を隠す存在だ。だから、マフィアの事務所は飲食店が非常に多かった。正業をする職場になるし、金がない人間が飯を食える場所にもなる。飲食店なら就労の理由も作れるから、ビザを取得させたり、独立すれば家族を呼びやすくなる。

例えば、日本の外国人マフィアというと、中国残留孤児の2世、3世を中心に組織された怒羅権が知られているが、歌舞伎町や池袋の中華料理店をアジトにしていたことは有名な話だ。俺もネパール人不良グループの知り合いはいないけど、きっとネパール料理店を事務所にしているはずだよ」

ジュンジの話を聞いていて、ネパール料理店がネパール人不良グループと繫がっている可能性が高いことが分かった。そうはいっても、ちゃんとしたネパール人が経営し働く店が大半だ。ネパール人不良グループが事務所として活用する一部の店をどう探すかが課題だった。

東京ブラザーズの取材は、思っていた通り困難を極めた。カマルは話を一切してくれないので、取材のしようがない。私は繫がりのある警視庁関係者、大手テレビ局、新聞社の記者などから情報を引っ張ってきた。

無論、安くはない対価を支払ってである。それはお互いが生きていく上で利用し合う、非常に冷めた関係だ。同時に強い緊張感を伴う関係でもあった。お互いが弱みを握り合っている、裏切られたら潰せる奇妙な関係性だった。

こうして、私は東京ブラザーズのメンバーの名前、住居、職業、在留資格、家族構成、関係先の飲食店、捜査状況などを把握した。また、予想はしていたが警視庁組織犯罪対策第2課は、ロイヤル蒲田ボーイズ、ネパールジャパンユースクラブ、東京ブラザーズなどのネパール人不良グループを明確な犯罪集団と見なしていた。

ネパール人不良グループメンバーの在留資格の大部分が家族滞在であり、就労に制限のあるビザの条件から職業は無職が多かった。ネパール人不良グループメンバーの家族がネパール料理店の店長などが大半で、元々は店員として勤務していたところから独立して家族や親戚などとして呼び寄せているケースがほとんどだった。

ネパール人不良グループメンバーの大多数が無職であるという事実は、飯を食うために非合法ビジネスをしている可能性が高いことを感じさせた。

私はそれから東京ブラザーズの関係先だとされる、新宿にあるネパール料理店〝R〟に足繁く通った。新宿近辺にはネパール料理店が数多く存在し、その規模は、狭い箱からステージが併設されている大きな店舗まで様々だ。Rに行く時は取材という体裁ではなく、あくまで一般客を装ってだ。私は正体が知られているカマルに話が伝わらないよう、または遭遇しても気付かれないように帽子を被り、服の傾向も変えて変装していた。

ネパール料理店に広がる香ばしい匂いの中、スパイシーなカレーを味わいながら、スッキリしたネパールビールを流し込む。特に私が気に入ったのが、ククリラムというネパールのラム酒だ。アルコール度数が40％を超える強烈な酒で、ロックや水割りで1杯飲むと、身体中が熱くなりグラングランに酔っ払う。

「ククリラム、酔っ払う。いつから日本来たの？」

私は生来、引っ込み思案の性格なので、このククリラムを飲んで酩酊してから、ネパール料理店Rのネパール人店員たちと会話をするようにした。

「ブラザー！　もう日本長いよ。もっとククリラム飲む？」

「飲むよ、飲む。ねえ、東京ブラザーズ知ってる？」

「ブラザー、もっと飲め！　もっと飲んで飲めー！」

私の質問には答えずにククリラムを勧めるネパール人店員たち。もしかしたらカマルから、怪しい日本人のライターが嗅ぎ回っていると言われたのだろうか。

私は警視庁関係者からの情報で、ネパール料理店Rのネパール人店員の一部が東京ブラザーズのメンバーだと聞いていた。ネパール人不良グループは、ネパール料理店以外にも、ハラールフード食材店、旅行代理店、日本語学校、自動車輸出業など様々な業種の正業に関わっている。だが、私は東京ブラザーズにそれ以外の裏の顔があるのではないかと考えていた。

東京ブラザーズの情報は聞き出せないが、ククリラムを飲みながらネパール人店員たちと何度も顔を合わせていると次第に仲良くなっていく。

やがて私は、ネパール料理店Rが東京ブラザーズの事務所的な場所になっていることを把握した。店長、店員の全員がネパール人だった。ネパール人店員と店内で食事をするネパール人が非常に親しく話をしているのが分かる。明らかに店員と客の関係ではない。

店内で食事をしているネパール人がキッチンに入って行き、汚れた皿を洗うこともしばしばだ。会計をしていないネパール人まで少なからずいる。何やら得体の知れない袋を無言で渡し合っていたりもする。

また、暴力団のフロント企業の人間が金を取りにきているのか、おしぼりタオルや植木などのリース料で言い争いが起こることもあった。詐欺師にしか見えない胡散臭い日本人の出入りも頻繁にあり、どう考えても食事目当てで来ているのではなかった。近くの席で私が酒を飲んでいれば、自然に危ない話題も聞こえてきた。

「お金は用意できた？　日本にまだ居たいでしょ？」

「何とかお金作るね。もう少し待って」

世界の最貧国の1つとされるネパールから来日するネパール人を、飯の種にする日本人がいる。それはネパール人のメリットのためにも必要なのかもしれないが、聞いていて気分の良いものではなかった。

私は取材のため、ネパール料理店Rをはじめ新宿周辺の複数のネパール料理店に通い続けた。どこのネパール料理店のネパール人店員も親切だった。徹底的に私はネパール料理好きのおかしな酔っ払い日本人を装った。

「ネパールの料理、美味しい！　ククリラムのボトルをください！」

ネパール人店員たちからすれば楽に売り上げを増やすことができる都合の良い客となった。馬鹿な振りをして、私はネパール人店員を欺いた。名前も真樹哲也ではなく、適当に何個かの偽名を使うようにしていた。そうして私は、ネパール料理店Rとは異なるネパール料理店Mで働くネパール人店員、ラジャン（仮名）と打ち解けることができた。

20代後半の長身でスラリとしたモデル風インテリ系イケメン。来日して5年というラジャンは、日本語も流暢に話す。しかし、ラジャンは爽やかな容姿とは裏腹に、警視庁組織犯罪対策第2課から東京ブラザーズのメンバーだとマークされている。

「ラジャンはマフィアの東京ブラザーズのメンバーでしょ。蒲田のグループ、ロイヤル蒲田ボーイズとは交流あるの？　あと薬が欲しい」

私が小声で質問をする。

「東京ブラザーズなのは本当。メンバーは100人ぐらい。今も増えてる。警察、間違ってる。マフィアじゃない。役職もない。フレンド（友達）のグループ。蒲田のグループとは交流ある。薬とか悪いことはしていないね。日本の女、紹介してくれ。もっとネパール人が日本で仕事しやすくなるよ」

ラジャンは静かに答える。大抵、ネパール料理店ではネパールのテレビ番組や音楽が流れている。小さな声で会話をしていれば、周りにはまず聞こえない。

ラジャンの話からすると東京ブラザーズは警視庁組織犯罪対策第２課が警戒しているようにメンバーの人数は増えているようだ。しかし、ラジャンは外国人マフィアグループではなく友達が集まったグループだと言った。そして、ロイヤル蒲田ボーイズとも交流はあるらしい。違法薬物については一切の反応がなかった。

しばらくしてラジャンは私のことをイベントに誘ってくれた。

「今度、近くの店でライブとパーティーがある。東京ブラザーズのメンバーもいる」

私は快くパーティーに参加ＯＫの返事をした。私はネパール人不良グループの主要なビジネスの１つが、パーティーだということは分かっていた。ネパール人の芸能人や歌手を連れてきて、大規模なイベントを開催する時もあるという。警察もこのパーティーを資金獲得を目的にしたものだと推測している。

違法薬物の受け渡し場所

パーティー当日、私は新大久保駅近くにあるネパール料理店〝K〟に向かった。日曜日の夜だった。なぜかは知らないが、ラジャンいわく、新宿界隈でのネパール人のパーティーやコンサートはほとんど日曜日に開催しているらしい。自由業の私には関係ないが、日本人的には日曜日にパーティーがあると、酒を飲み過ぎたら月曜日の朝が二日酔いで厳しいのではと思ってしまう。入口のドアには「本日貸切」と張り紙がしてある。今夜のパーティーに部外者は入店できないようだ。

ドアを開ける。受付にはラフな格好をしたネパール人男性がいた。

「ラジャンの友達です」

じろじろと見られたが、会費の3000円を払うと店内に通された。中に入ると、驚いた。ネパール料理店Kは、入り切らない程のたくさんのネパール人客で賑わっていた。店内は、まるで渋谷や六本木のクラブのような広さだ。

店内の奥にある煌びやかな光でライトアップされたステージで、ネパール人歌手がライブをおこなっている。マイクやスピーカーなどの機材も、ライブハウスのような本格的な設備だ。店内は大音量に包まれていて、大勢のネパール人が酒を飲みながら笑顔で踊っている。日本人は見当たらない。見た限り、私だけだ。

店内にはラジャンの姿があった。ネパール人の友人たちと楽しそうに談笑している。話しかけるタイミングを見計らうために私は1人でテーブル席に座った。そこに20代前半の小太りのネパール人女性店員が近付いてきた。

「日本人？」

私は頷いた。

「何か飲みますか？　フードはあれ。ドリンクはカウンターで」

ネパール人女性店員に促されてカウンターへ行く。ドリンクメニューを手にすると拭いていないのか、メニューはベタついていた。私はネパールのビールを頼んだ。ネパール人女性店員は、すぐに冷蔵庫からネパールビールを出してくれた。

「ありがとう。お姉さんはいつから日本来たの？」

その質問に、ネパール人女性店員は警戒した顔付きになった。

「最近。留学。学生です。日本語あまり分からない」

そう答えて私から離れてしまった。２０１９年4月に入管法（出入国管理法）が改正されたことにより、日本へやって来るネパール人留学生も急増している。基本的に留学生でも、週28時間は労働できる。入管法で定められた就労制限を守れば、不法就労にはならない。

私はキンキンに冷えたネパールビールを喉の奥に流し込みながらテーブル席に戻った。しばらく1人で、ステージのライブと店内のネパール人客を観察していた。肩を組んで仲良さそうに会話をする者や、ライブに合わせて叫んで盛り上がる者もいる。このパーティーにくれば、ネパール人の同胞たちがいて、話し合いをして様々な事柄を共有でき、母国の音楽を聴きながら一緒に楽しい時間を過ごすことができる。

私が見る限り、ネパール料理店Kには、100人以上のネパール人客が出入りしていた。これ程、たくさんのネパール人客がパーティーに参加していれば、大きな金が動くことは間違いない。

そして、私はあることを見逃さなかった。隅の方で小さな袋を渡して、金のやり取りをしているネパール人が何人もいる。私は薬物の可能性が高いと感じた。幾度となく薬物の売人たちの取引現場を目撃してきたが、受け渡しの所作はかなり手慣れているように思えた。

確かに、部外者を出入り禁止にしていれば、取引現場を警察に押さえられることもなく安全だ。小さな袋と金の交換を終えたら、そそくさと帰ってしまう者もいた。

その後、ククリラムの水割りを注文すると、怪しい来客と思われたのか、店長らしきネパール人シェフが近付いてきた。40代に見えるネパール人シェフは顔立ちがはっきりしていて眼光は異様に鋭い。

「こんばんは。ククリラム、2種類ある。ネパールのと日本の。どっちも酔っ払うよ」

「ネパールので。水割りにしてください」

ネパール人シェフは口元だけニヤリと笑いながら頷いた。慣れた手付きでククリラムの水割りを作ってくれた。

「誰の知り合いで来た？」

「ラジャンに誘われて来ました」

私はネパール人の仲間たちと騒いでいるラジャンを指差した。

「楽しんでいって」

そう私に言うと、ネパール人シェフはラジャンに向かって歩いていった。シェフはラジャンに話しかける。ラジャンは、困惑したような表情で首を振った。ネパール人シェフとラジャンが私の方を見てくる。周囲のネパール人からも警戒するような眼差しが向けられる。私は立ち上がってネパール人とラジャンに近付いた。ネパール人シェフは硬直した表情をし、ラジャンは気まずそうな顔をした。

「ラジャン、今日は誘ってくれてありがとう」

礼を言ったがラジャンは小さく頷いただけだった。周囲のネパール人から向けられる眼差しがひときわ厳しくなる。私はテーブル席に戻り再び店内を観察したが、これ以上の情報収集は難しそうだった。ネパール人コミュニティが部外者に対して強い警戒心を持っていることが分かった。

ネパール料理店Kを出ると、いつもの新大久保の景色が広がっていた。多くの日本の若者たちが、韓国式のアメリカンドッグ（ハットグ）を食べながら歩いている。その光景は、薬物取引の場所となっているネパール料理店Kの中とは完全な別世界に感じられた。

「日本人は信用できない」

2019年8月、私は暴力事件を起こした当事者である東京ブラザーズのメンバーの1人、アロン（仮名）を調査していた。アロンは2019年6月に東京都新宿区の路上で知人のネパール国籍の男性に暴行を加えて重傷を負わせた疑いで逮捕されていた、東京ブラザーズのメンバー4名の内の1人である。

暴力事件の当事者に接近すれば危険な目に遭う可能性は高くなるが、私は東京ブラザーズのメンバーがどのような人物かを知りたかった。

警視庁関係者の情報記録によると、アロンが起こした事件が発生した日時は2019年5月5日23時半頃だった。新宿区百人町の路上において、東京ブラザーズのアロンらは、知人のネパール人男性被害者（当時19歳）と鉢合わせになり、口論から喧嘩に発展。共謀した上でネパール人男性被害者に対し、顔面を手拳で複数回殴打し、路上にひざまずかせ腹部を蹴るなどの暴行を加えて、全治1ヶ月の右目眼窩壁骨折等の重症を負わせた。

現場には東京ブラザーズが仲間を集め、20人程が集まっていたという。暴力団組織に劣らない結束力と戦闘力である。事件当時は、交番に被害者が届け出たものの、近くにいたアロンらがネパール語で脅しながら、警察には和解したように装っていたようだ。私からすると東京ブラザーズは相当トラブル慣れをした悪質なアウトロー特有の警察対応をおこなっているように見える。

調べたところ、実際に警察はこれまでに東京ブラザーズのメンバー10人程を傷害や器物損壊で逮捕していた。今回の事件も、警視庁組織犯罪対策第2課が東京ブラザーズ周辺を捜査していた矢先で、暴行事案発生を受けて事件化したものであった。

私はアロンという人物が、どのような暮らしをしているのかを調べた。アロンが住んでいるのは都内繁華街にあるマンションだった。ターミナル駅から徒歩10分程度という場所で立地は良いが、家賃7万円ぐらいの1人暮らしの大学生が暮らすような非常に狭い部屋であった。それも部屋には頻繁にネパール人の出入りがあり、宿泊する場所になっていた。私が想像した外国人マフィアの豪勢な生活とはかけ離れていた。マンションには「日本のルールを守れ」と日本語と英語で書かれた紙が所々に貼り付けられている。

警視庁関係者の話によると、アロンもネパール料理店の経営者が家族にいて、家族滞在の在留資格で約3年前に来日したという。

　私と同世代の警視庁関係者は言う。

「法務省がインド、ネパール料理店で定番のナンを焼くタンドール窯を買えば、ネパール人を呼び寄せて就労ビザを受けられるシステムを作っているのも問題だ。金を出し合ってタンドール窯を買ったり、タンドール窯ブローカーまで出てきている。来日するネパール人の質もこれじゃ落ちる。東京ブラザーズのような、不良ネパール人も一部出てくるはずだ。

　東京ブラザーズは必ずしも大久保に住んでいるわけではない。大久保でたむろしているのが頻繁なだけで、多くのメンバーが新宿区以外の様々な場所で暮らしている。都内ではなく、埼玉県や神奈川県在住のメンバーもいる。逮捕者の中にはメンバーであっても認めない者もいて、警察としても誰がメンバーなのかはっきり確認できていない」

　警視庁もメンバーを把握できていない東京ブラザーズ。その実態を知るために当事者にコンタクトをしようと考え、私はアロンの住む自宅のマンション付近で張り込みを続けた。付近はネパール人が数多く暮らしているので張り込みには細心の注意を払った。そうして、アロンがマンションから出てきた時にうまく遭遇をし、私は話しかけた。

「フリーライターの者ですが、東京ブラザーズについて話を聞かせてもらえませんか」

アロンはピタッと静止し、私を睨み付けてきた。瞬間、私の全身が硬化し悪寒が走った。私は目線を逸らさず、アロンの顔をしっかりと見た。アロンは少し困惑した表情をした。

「警察から狙われてる。東京ブラザーズはマフィアじゃない。話はできない」

アロンはそう言い、早歩きで私から遠ざかってしまった。その後もアロンの通うネパール料理店に行き、私は接触をしようとした。だが、アロンは私の顔を見るなり、怪訝な表情で会計を済ませて出ていってしまう。

「日本人は信用できない」

アロンは私に向かって、日本人への強い不信感を吐いた。外国人パブPで働く東京ブラザーズのメンバー、カマルの時と同様に、アロンは組織情報を外部に漏らさないという秘密主義を貫いていた。

ロイヤル蒲田ボーイズメンバーの攻撃

これまで私は東京ブラザーズなどのメンバーを調査し接触してきた。しかし、警視庁が特に勢力を拡大するネパール人不良グループだと注視し、組織の全容解明に力を注いでいるのがロイヤル蒲田ボーイズである。

２０１９年２月にロイヤル蒲田ボーイズのメンバー５名は、東京都大田区蒲田に存在する飲食店内においてネパール国籍の被害者男性（当時21歳）ほか３名に対し、頭部等をビール瓶で殴打した上、その身体を殴った疑いで逮捕されている。それも単なる傷害罪だけでなく、逮捕罪名には「暴力行為等処罰に関する法律違反」も付いていた。

これは、団体または多勢による集団的な暴行、脅迫、器物損壊、強要などを特に重く処罰する日本の法律で、元々は１９２５年に皇室や私有財産制を否定する運動を取り締まることを目的として施行された「治安維持法」の翌年に制定された、共産主義革命運動の過激化を懸念したものであった。現在では、暴力団、右翼団体、左翼団体など反社会勢力を取り締まるための法律として機能している。つまり、警察はロイヤル蒲田ボーイズを完全な反社会勢力と位置付けて逮捕したということだ。

ロイヤル蒲田ボーイズが起こした事件の発生日時は２０１８年10月19日21時半頃だった。東京都大田区蒲田所在のネパール料理店〝Ｓ〟内において、ロイヤル蒲田ボーイズのメンバー８人で飲んでいた。ロイヤル蒲田ボーイズのメンバーが店内に流れているＢＧＭを勝手に変えたことに、被害者となったネパール人留学生４名（当時21～26歳）が苦情を言った。

すると、ロイヤル蒲田ボーイズのメンバーがビール瓶を使って被害者１名に殴りかかり、頭部等をビール瓶で殴打した上、その身体に暴行を加えて全治２週間の後頭部挫創等の傷害を負わせたという。

警視庁関係者はロイヤル蒲田ボーイズについて、こう語る。

「ロイヤル蒲田ボーイズの所属メンバーは120~130人と見ている。出稼ぎで来日した家族がいるのを理由に、〝家族滞在〟の在留資格を持って日本に暮らしているメンバーがほとんどだ。ネパールタウン化する蒲田在住のメンバーが多い。日本の生活に馴染めずに不良化したネパール人の若者によって、ロイヤル蒲田ボーイズが形成されていった。警察としては今後、勢力拡大をしていくと予想して全容解明に力を注いでいる。準暴力団化する可能性が高い」

警視庁が準暴力団指定を見越しているロイヤル蒲田ボーイズ。私はロイヤル蒲田ボーイズについて取材をするべく、事件現場ともなった蒲田のネパール料理店Sを訪問した。店内に入ると、カレーの匂いが漂っている。

20代だと思われる若いネパール人男性店員が出迎えてくれた。細身のイケメンでモデルのような容姿だ。テーブルに置かれたメニューを取ると、油でベトベトしている。私はいい加減、連日のネパール料理の食べ過ぎで苦痛を感じていた。

ネパール人男性店員が水を出してくれた。注文を聞かれる。私はネパールビールを頼んだ。店内に流れるネパール音楽を聴きながら、ネパールビールを飲む。ロイヤル蒲田ボーイズは、店内に流れているBGMを勝手に変えたことでトラブルを起こした。そのような小さな問題で、どうしてそこまで腹を立てたのだろうか。ビール瓶で頭を殴るというところが、日常的に喧嘩をしていることを感じさせる。

私はいつも通りの慣れた風で、途中でネパール人男性店員を呼んでククリラムを頼んだ。ネパール人男性店員は礼を言い、ククリラムを作りに行く。これを何度も繰り返す。その後が重要だ。酔っ払った振りをして様々な情報を聞き出すのである。

何杯目かのククリラムを持ってきてくれた時、私は尋ねた。キッチンにいる他のネパール人店員に聞かれないよう、離れた隅の席に私は座っていた。

「この店で去年、ロイヤル蒲田ボーイズというグループが喧嘩をして、今年に逮捕される事件がありませんでしたか？　私は警察と仲が良い」

ネパール人男性店員の顔がひきつった。

「そこにいた。暴れられて大変だった。店にも迷惑。もう、ここ来れない」

どうやらロイヤル蒲田ボーイズのメンバーはネパール料理店Sを出入り禁止になったようだ。だが、どうも私には嘘をついているように感じられた。

「お兄さんの名前は？　もう、日本長い？」

困惑した表情をするネパール人男性店員。

「バハドゥール（仮名）です。22歳。日本に来て4年」

そう答えると、キッチンの方に戻っていってしまった。私は気付いていない振りをしていたが、キッチンの中でバハドゥールは、他のネパール人店員と共に、私を睨み付けながら話をしていた。仕切り直すことにした私はククリラムを飲み終えて会計をする。レジで会計をするバハドゥールに、入店時に迎えてくれた笑顔は一切なかった。

２０１９年8月、私は暴力事件を起こした当事者であるロイヤル蒲田ボーイズのメンバーの1人、シヴァ（仮名）と、都内某所で会っていた。面会の経緯については支障があるためここでは伏せる。

私たち以外には誰もいない薄暗い店内。４人掛けのテーブル席で、シヴァは私に奥に座るように促した。私はシヴァと向き合うように座った。シヴァと一緒にいるのは若い美人のネパール人女性だった。私には分からない言葉でシヴァと会話をしている。

凶暴そうな顔と筋骨隆々の身体のシヴァはロイヤル蒲田ボーイズの武闘派メンバーである。私は警視庁関係者からシヴァの身柄が釈放となったと聞いていたが、会って話を聞かせてくれるとは思わなかった。

目の前にいるシヴァは、頭をビール瓶で殴打し逮捕されていた男だ。場合によっては同じことが起こるかもしれない。私は額から流れてきた汗をおしぼりで拭った。シヴァが携帯を出して私を撮影する仕草をした。携帯を見ながら、ニヤけた表情をするシヴァ。シャッター音はしなかったので撮影したか定かではないが、不愉快な気分になった。

薄暗い店内にはお香の匂いが漂い、ネパール音楽が大きな音で流れている。私は無言でじっとしていた。しばらくするとシヴァが携帯をテーブルに置き、私を凝視するように身を乗り出した。彫りの深い顔の眉間に深い溝が刻まれている。

「あなたのことは知ってる。ネパール料理店Sに来た。警察か?」

私のことを警察だと勘違いしているようだ。先程撮影した写真をネパール人店員、ババドゥールに送り、私のことを確認したのだろうか。

「警察ではありません。ライターです。本を書いてます」

私は正直に答えた。シヴァは一転、安心した表情をした。このことでシヴァが、警察をかなり警戒していることが垣間見られた。

「ロイヤル蒲田ボーイズについて知りたいです」

「少しだけ。警察は駄目だ。何もロイヤル蒲田ボーイズを分かっていない。ネパール人のグループには、日本人に手を出さないルールがある。みんな、日本で暮らすため、我慢している。日本人に悪いことはしない。約束する」

シヴァは熱の入った口調で私に話してくれた。確かに、シヴァが起こした事件も含めて、相次ぐネパール人不良グループの暴行事件は被害者が日本人ではなくネパール人だ。

「ロイヤル蒲田ボーイズのメンバーに、明確なリーダーやトップはいるのでしょうか?」

「ちゃんとしたグループじゃない、ロイヤル蒲田ボーイズ。ネパールの友達、フレンドのグループ。年は20歳とか多い。トップとかはない。強いのと、お金あるネパール人は偉い。メンバーは200人いる。もっと増える」

シヴァは真剣な表情で答えた。やはり、ロイヤル蒲田ボーイズは日本の暴力団や中国系マフィアの怒羅権とは異なり、きちんとした組織体系を持っていない。明確な上下関係や役職もなさそうである。警察が準暴力団指定を視野に入れているのは、予算対象として都合が良いのもあるのだろう。

「同じネパール人のグループの東京ブラザーズと関係はありますか? また、ネパールジャパンユースクラブについても知っていますか?」

私はさらに尋ねた。

「これで終わり。ロイヤル蒲田ボーイズと東京ブラザーズは仲良い。2つのグループに入ったりする人間もいる。ちゃんとしたグループじゃない。ネパールジャパンユースクラブは私たちの年上のグループ。私たちの親の年のネパール人がやっている」

ロイヤル蒲田ボーイズと東京ブラザーズは交流があり繋がっている。それも、両方に所属するメンバーもいるようである。ネパールジャパンユースクラブについては、シヴァの親世代の40代から50代ぐらいのメンバーで構成されたグループという。

もっと話を聞きたい。私は質問を続けた。

「ネパール料理店から売上を一部もらったり、薬物売買、ドラッグなどはやったりしませんか？　日本のヤクザと会うことはありますか？」

外国人マフィアの組織的な犯罪としてイメージの強い、みかじめ料徴収、薬物の密売などをしているのかが気になるところだ。私はネパール料理店Kに行き、薬物取引の場所となっている可能性が高いと見ている。また、そうだとしたら日本の暴力団と関係性を持っているのではないか。

「終わり」

シヴァはテーブルをバンッと叩いた。明らかに怒っている。私はシヴァの圧力を受け止められず、目線を外してしまった。シヴァはいきなり立ち上がる。私は身体を強張らせた。すると、シヴァは部屋の奥の見えない場所に入っていってしまった。

そのまま座っていると、再びシヴァが現れた。右手には金槌を持っている。ネパール人女性が悲鳴をあげながら抑えようとしたが、シヴァを止めることはできなかった。次の瞬間、私は立ち上がり逃げようとした。だが、シヴァの動きは予想以上に速かった。あっという間に私の目の前まで距離を詰めてきた。金槌を振りかぶる。

私の耳元で大きな音がした。目の前には激しい怒りを露わにした表情のシヴァがいた。シヴァは私の顔のすぐ横の壁に金槌を打ち付けたのだった。私は緊張と恐怖でシヴァの右腕を抑えられなかった。

「帰ってくれ。日本人には悪いことしない」

シヴァはあまりにも強烈な怒りで右腕が固まってしまったらしい。金槌を握り締めた右腕を、左腕で剥がすようにして引き離した。床に金槌を放り投げ捨てた。

私は身体の震えを隠しながら店から出た。暴力団や半グレなどのいろいろなアウトローに会ってトラブルに巻き込まれてきた私だが、ロイヤル蒲田ボーイズきっての武闘派、シヴァは想像以上の迫力と攻撃性を持ち合わせた男だった。私が日本人でなかったら、シヴァに頭を金槌で砕かれていたのかもしれない。


後日、私はネパール料理店Sのネパール人男性店員バハドゥールのもとを訪ねた。シヴァは私のことを分かっていた。バハドゥールに確認したからとしか考えられない。そうだとすればバハドゥールが、ロイヤル蒲田ボーイズのメンバーであることが濃厚となる。

「アハハハハ」

私の顔を見た途端に、バハドゥールは声を出して笑った。笑いごとではないと怒りたかったが、私は黙っていた。このことにより私の疑いは確信に変わった。バハドゥールがシヴァに私のことを話したのである。

「日本人は殴ることしないから大丈夫。いつまで我慢できるか分からないけど」

なぜか分からないが、気まずい空気ではなくなった。

「自分、ロイヤル蒲田ボーイズのメンバー。シヴァの友達。警察に何人も逮捕されて大変だった」

バハドゥールは私がしつこく聞いたわけでなく、自分からカミングアウトをしてきた。

「自分は東京ブラザーズのメンバーもやってる。東京ブラザーズも逮捕されて大変だった。いつも週末は、新大久保いる。週末は新大久保の店で仕事してる。中野に住んでる」

バハドゥールは東京ブラザーズのメンバーでもあるらしい。シヴァがロイヤル蒲田ボーイズと東京ブラザーズの一部のメンバーが同じであることを話していたが、バハドゥールがそうであったのだ。

「前に聞きましたが、バハドゥールさんは22歳？　日本に来て4年なのは本当ですか？」

「本当。嘘じゃない」

「ロイヤル蒲田ボーイズや東京プラザーズにリーダーやトップはいますか？」

「いない。ネパール人の友達のグループ」

「バハドゥールさんはネパール料理店以外の仕事もしますか？」

「いつもはしてない。お金に困って昔はドラッグ売ったりはした。マリファナ。日本いるために友達の偽装結婚もやった。偽造ビザのカードも安く作れる。お金に困ってる時だけ」

「日本の暴力団と付き合いはありますか？」

「一緒にビジネスをしたりはない。店の金を取ろうとしてくる日本のヤクザと喧嘩はした。日本人には悪さをしないルールある。でもヤクザは違う。我慢できないで、殴り続けた時もある。ヤクザと喧嘩よくある」

「ネパールに家族はいる？」

「家族は日本に来ているけど、ネパールにもいる。お金送ったりする」

「お金送るのは正しいルートですか？ 銀行？ アンダーグラウンドバンク（地下銀行）？」

「言えない。でも、グループにはアンダーグラウンドのバンク、やっているのいるね。グループは車も売る。GPSが軍のミサイルに使える。日本の車のGPS、良い。もう、最後」

バハドゥールは取材を終わらせようとした。もっと質問をしたいと言うと、バハドゥールは次回ねと話を打ち切った。しかし、1週間以上経ってもバハドゥールから連絡はなかった。ネパール料理店Sに出向くと、バハドゥールは明らかに困った表情をした。

「ごめん。警察が恐い」

謝罪するバハドゥールに私は何も言えなかった。嘘を吐いたのではなく、強い警戒心からネパール人不良グループの話をしないことを選択したのだろう。これ以上無理に聞き出すことはできなかった。

犯罪の理由

私は最初に出会った東京ブラザーズのメンバー、カマルの働いている歌舞伎町の外国人パブPに向かった。カマルは仲間のロイヤル蒲田ボーイズや東京ブラザーズのメンバーたちから私が取材をしていた話を聞いているだろう。久しぶりに入店するとカマルは不敵な笑みを浮かべて顔を触ってきた。

「調べる暇あれば日本の女、紹介しろ。真樹の女でもいい」

挑発をしながら接客をしてくる。これでは私がいくらカマルに話しかけても、東京ブラザーズについて語らない。私はカマルの情報をホステスのアヤから聞き出すことにした。

私は外国人パブPに通ってアヤや他のホステスたちと仲良くなることに努めた。次第に、ホステスたちは私を信用して、カマルのことを少しずつ話してくれるようになった。

「カマルはフィリピン人が奥さん。店の女の子にも友達が多いみたいよ」

カマルは結婚していたのだ。フィリピン人の奥さんがいるらしい。これは私にとって喜ぶべきことであった。外国人パブPには、フィリピン人のホステスが数多く在籍している。フィリピンパブで働く女性と付き合ったことのある人なら分かるだろうが、日本で暮らすフィリピン人コミュニティのネットワークは凄まじい。情報を共有するネットワークが強固で、知人程度でもプライベートを詳しく把握していることがほとんどだ。

「カマルは私たちの友達の旦那。だから家族だと思ってる」

カマルの奥さんは過去に日本人と結婚していたことがあるようで子どももいるらしい。そのため日本に長く住むことができる「定住者」在留資格を持っているようだった。

私は何度も外国人パブPに通った。やがてカマルは、私が取材は諦めて普通に楽しんでいると思ったのか、通常料金で支払いをさせるようになった。外国人ホステスたちに、ドリンクやフードも出しているので、毎回2万円近くの会計は懐に厳しかった。だが、私が求めている以上の情報を収集することができたので通い続けていた。

「いつ日本の女、紹介するんだ？　声でかい女が好きだ。アンアンアンアンアー」

カマルは会う度に、私を挑発してくる。しかし、カマルにパートナーがいることを私は知っている。私は黙っていた。

「あんなにカマルが話すことないよ。カマルを指名したら」

アヤは私に言う。私とカマルが仲良さそうに見えたらしい。

「カマルはフィリピン人のパートナーと杉並区で暮らしていて、2人目を妊娠してるから昼は居酒屋で夜はここで働いているんだよ」

あるホステスが私に話した。カマルには子どもがいることが分かった。東京ブラザーズのメンバーが家族想いで地道な働き者というのは、日本人が抱いている外国人マフィアのイメージから遠くかけ離れたものであろう。だが、そのホステスはそんな感慨を台無しにする話を持ちかけてきた。

「生きていくのにはお金がかかる。私はドラッグ売ってる。哲也はやらない？　お金困っている。子どももお金かかる。家族にもお金送らなきゃならない」

「ごめん。薬は怖いよ。でも、いくらぐらいなの？」

私は言葉を引き出そうとした。

「大丈夫。アディクション（中毒）にはならない。警察にも捕まらない」

「何があるの？」

「マリファナあるし、パーティーで楽しくなるものもある」

大麻以外にもMDMAなどのドラッグも扱っているようだ。私は本命の質問をした。

「カマルも売ってるの?」

「売ってる。でも、買うなら私からにして」

ホステスは私の耳たぶにキスしながら小声で呟いた。私は密着するホステスから身体を引いた。

「捕まるのは嫌だよ。薬はやめておくよ」

私はカマルを呼んで会計を済ませた。帰り際、珍しくカマルは私を店の出口まで送ってくれた。いつもはホステスがやることである。

「真樹、また飲みに来てよ」

私は返事ができなかった。誰しもが犯罪に手を染めるのには理由がある。カマルは奥さんや子どものために、違法ドラッグの売買をしている。カマルは捕まらないと思っているのだろうが、そんなことはない。法律というものは、無情だ。そうした各々の事情など関係なく逮捕をする。それが法治国家のあるべき姿だ。

カマルが警視庁組織犯罪対策第2課からマークされている東京ブラザーズのメンバーであれば尚更だ。仮に東京ブラザーズがグループとして違法ドラッグ売買をおこなっていないと主張しても、カマルがやっていることが発覚すれば警視庁組織犯罪対策第2課は組織的な犯罪だと見なすだろう。警察は予算獲得のためにネパール人不良グループを全力で捜査し、逮捕に踏み切る可能性が高い。

また、そうなれば暴力団も黙ってはいないはずだ。暴力団に上納金を払うよう、ネパール人不良グループは求められることになる。勢力を拡大するネパール人不良グループを暴力団が無視できるはずがない。激しい抗争が繰り広げられ犠牲者が出ることになるかもしれない。

カマルは右手を出して握手を求めてきた。だが、私は違法ドラッグ売買の話を聞いて全身の力が抜けたようになってしまっていた。何とか重い右腕を上げ、カマルと握手をした。

「家族を大事にね」

私は心からの想いを口にした。するとカマルの表情から明るさが消えた。その反応は、私が家族の存在を知っていたからだろうか。それとも、違法ドラッグ売買をしているやましさゆえだろうか。カマルは無言で店の中に戻っていった。

第3章 ナイジェリアマフィア

ぼったくりバーと六本木パケ

ナイジェリア人のぼったくりバー

目を覚ました。大の字で寝ている。ここはどこだ。誰かに顔面を財布で叩かれている。見上げると、屈強な体型の黒人が私を見下ろしている。全身が麻痺している状態だ。喉の奥から吐しゃ物が込み上げてくる。反射的に噴き出さないよう飲み込んだ。

朦朧とする意識の中で思い出した。昨夜、新宿の歌舞伎町で、ナイジェリア人の客引きに声をかけられて付いていった。明らかに怪しいのは分かっていた。ナイジェリア人不良グループに接触するために身体を張った取材だった。

とにかく、ここから脱出した方がいい。私は何とか起き上がる。全身が痙攣し、フラついて倒れそうだ。目の前に、自分よりもはるかに高身長で肉厚なナイジェリア人がそびえ立つ。まるで、総合格闘技で一世を風靡したボブサップのようだ。店内を見渡すと、かすかに残る記憶の中に見覚えのある空間が広がっている。私は外国人パブで飲んでいたのだ。

「早く帰れよ!」

よく分からないが、帰れと促されている。財布をナイジェリア人から渡される。なぜ、私の財布を持っていたのか。支払いは終わっているのだろうか。もしかしたら金を抜かれたのかもしれない。

店内には私とナイジェリア人の2人しかいない。だが、ナイジェリア人と言い争う気力と体力はなかった。今の状態で殴られたら、私は一発で吹き飛んでノックアウトされるだろう。仮にクレジットカードを使われていたとしても証拠はあるはずだ。何とかなる。

身体が震えて吐き気が込み上げる。早く店を出なければならない。出入口らしきドアをナイジェリア人に開けられた。これで助かる。そう思ったところで、私の記憶は再び消えた。

次に私は狭い箱のような部屋で目を覚ました。上体を起こすと猛烈な吐き気に襲われた。寸前のところで隣にあったゴミ箱を手に取り、口から込み上げてきた吐しゃ物をぶち撒けた。どうしたというのか。全身が麻痺しているような感覚で力が入らない。反射的に財布の有無を調べるが、ズボンのポケットに入っていた。中身を見ると3000円程度しかなくなっている。10万円程持っていたはずだ。運転免許証やクレジットカードなどは紛失していなかった。後でクレジットカードが使われていないかを確かめないといけない。

部屋の壁を眺める。どうやら私は、ビデオボックスと呼ばれるDVD鑑賞店にいるらしい。床に転がっていた伝票を見ると、歌舞伎町の店舗のようだ。朝方にチェックインしているようだが、記憶が全く無い。

ブーッ、ブーッ、ブーッ。机の上に置かれた携帯がバイブレーションで振動する。幸い、携帯も紛失していなかったようだ。力の入らない腕を伸ばして何とか携帯を見ると、仕事先の相手からだった。マズい。今日は朝から人と待ち合わせをしていた。

携帯の時計は、すでに正午を回っている。完全に予定を飛ばしてしまった。気持ちが悪くて、電話に出る気力もない。ＬＩＮＥで「すいません。今日は無理です。ごめんなさい」と謝罪文を送った。

一体、私は何をしていたのだ。洋服に嘔吐した痕跡がいくつも見える。酒の臭いと混ざり合い、悪臭をプンプン漂わせている。大の字になる。記憶を辿る。

思い出した。昨夜、新宿の歌舞伎町で1人で歩いていたところを、ナイジェリア人の客引きに声をかけられたのだった。仕事の打ち合わせを終えて解散し、フラフラしたほろ酔い状態であった。

「社長ー、元気？　1時間飲んで5000円」

私は立ち止まって黒人を見る。スマートな体型にピチピチな白いTシャツとジーンズが似合っている。大手衣料品会社のユニクロなどの黒人モデルにいてもおかしくないオシャレな男だった。

「どこの国から来たの？」

「ナイジェリア。いろいろな国の女いるね。気に入れば、エッチーもできる」

怪しいのは分かっていた。この辺りはナイジェリア人不良グループの客引きによる、ぼったくり被害が多発している。リスクはあるが取材になると判断した。

「飲み放題？」

私は吹っかけた。ナイジェリア人客引きがニヤリと笑った。強引に握手をされる。ずいぶん潤いのない、乾燥した手の肌に感じられた。

「バカヤロー。飲み放題でいいよ。女のドリンクもコミコミだー。一杯、おっぱい飲んでー。楽しんでー。店はこっち。行くよー」

交渉成立だ。私はナイジェリア人の客引きに連れていかれ、キャバクラやバーが数多く入っている有名なビルに案内された。カビとゴミの臭いが入り混じった歌舞伎町特有の雑居ビルに入る。テナント代も高く、競争も激しいため、店舗の入れ替えも早い。ここにどれだけの夢と欲望が吸い込まれ、絶望に変わっていったのだろうか。

「ここだよ。おっぱい楽しんで。俺は帰る。バイバイ」

肩を叩かれた。ナイジェリア人客引きとはここでお別れらしい。頑丈そうなドアを開けられて、私は店内に放り込まれた。

屈強な体型をした別のボーイらしき黒人が現れる。白いワイシャツがはち切れそうになっていて、これでもかと筋肉の隆々さをアピールしている。年齢は20代後半から30代前半ぐらいだ。

店内はカウンターとソファー席が何席かある、広くも狭くもない丁度良いサイズの空間だ。私はボブサップにソファー席に案内された。

「何飲む? ビール、ウイスキー、ブランデー、焼酎、日本酒、何でもあるよ」

私はウイスキーの水割りを頼んだ。薄暗い店内には私以外の客はいない。おかしい。まだ21時ぐらいで終電には程遠い時間だ。

すると、南米系のラテン系美女が現れた。年齢は30代半ばぐらい。少しふくよかだが、やたらと露出の多いセクシーなドレスを着ている。彫りの深い顔でニコリと笑い、ソバージュのような髪をかき上げた。香水の匂いなのかシャンプーの香りだろうか、やたらと鼻につく。ボブサップが片膝を付いて、丁寧にテーブルにウイスキーの水割りを出してくれた。

「アニキー。ゆっくりしていってー」

ボブサップは不気味な笑顔で私に言った。いくら金を取られるのだろうか。私は何も言わずにウイスキーの水割りを飲んだ。すると、勝手にラテン系美女もドリンクを飲み始めた。私は一切許可をしていないが、黒人客引きは女性のドリンクも込み込みだと話していた。その言葉が真実かどうかは会計の時に分かるだろう。

「お酒好きだねー。ロックで飲んだらー」

ラテン系美女は私の股間を指で撫で回す。私は反射的にラテン系美女の手を押さえた。するとラテン系美女は私の頬にキスをした。押さえていた手を離すと、今度は私の乳首を触り始めた。

酔っていても分かる。これで1時間5000円で済むはずがない。ボブサップは入口のドアの前で仁王立ちをして睨みを利かせている。特に私以外の客もいないし、暇そうだ。私はラテン系美女に頼んでボブサップを呼んでもらった。ボブサップがどうしたという顔で近寄ってくる。

「せっかくだから一緒に飲みませんか？」

ボブサップは、オーマイゴッドのポーズをした。

「オレー、酒飲めない」

ラテン系美女が笑う。疑うのは良くないが、ボブサップが飲めないのはたぶん嘘だ。2人で私を馬鹿にしているのだ。このままではいけない。

「どこの国から来ましたか？　日本は長いですか？」

ボブサップは表情を曇らせた。すると指でピースサインを作り、私の額に押し付けてきた。

「ナイジェリアだよー。2ヶ月」

その手を私は無表情で払いのけた。

「ナイジェリア人のアウトローグループを知ってますか？」

ボブサップは不機嫌な顔をしたと思うと、私の肩をバシンッと力強く叩いた。ボブサップの腕のパワーに、私の全身が揺れた。私の小さな身体など、その気になれば壊せるんだぞと遠まわしに伝えられた気分になった。

「アニキー。楽しんでいってー」

ラテン系美女がテーブルの前で誘惑するようなダンスを踊り始めた。ドレスの裾を捲り上げて黒いＴバックのパンツを見せてきた。私の顔に尻を近付けてくる。ナイジェリア人不良グループが経営すると思しきぼったくり店でどのようなことが起こるのか、自分で調査をするしかない。この時、私の財布には10万円程入っていた。私は財布から１０００円札を３枚出して、ラテン系美女のパンツにねじ込んだ。

入口近くで立っているボブサップを見ると、私に向かってウインクをしてきた。時計を見ると丁度22時ぐらいだ。入店してから約1時間が経過している。ラテン系美女がボブサップに両手でよく分からないサインを出した。

ボブサップにカラオケのデンモクを渡される。私はカラオケが下手だ。昔から音痴なのである。

「歌ってー。聞きたいー」

ラテン系美女がしつこく煽る。1時間を経過したのにかかわらず、ボブサップは声をかけてこない。延長料金はどれぐらいか分からないが、この先どうなるのか私は知りたかった。私は2012年にリリースされ大ヒットした韓国の歌「江南《カンナム》スタイル」を入れた。イントロが流れる。私は立ち上がり、大きな声で叫んだ。

「オッパンカンナムスタイル！」

私は適当なダンスをしながら歌う。ボブサップが陽気な手拍子をする。ラテン系美女も一緒に踊り出した。私の股間に尻を擦りつけてくる。なぜか、ボブサップがシャンパンのボトルを持ってきた。私は頼んだ覚えがない。

ポンッという音と共に、シャンパンが開けられた。シャンパングラスを手にした2人の外国人ホステスが現れた。勝手に席に着き、シャンパンを注ぎ出した。間違いなく、ぼったくりだ。しかし、私は咎めることなく江南スタイルを歌い続けた。

「もっと飲めー！」

その時、しつこく股間に尻を擦り付けてくるラテン系女性のパンツが私の指に引っかかった。ラテン系美女の尻が丸出しになる。

「アニキー！　駄目だー！」

ボブサップが私に掴みかかる。マイクを奪われ、背後から羽交い絞めにされた。抵抗するが、ボブサップは微動だにしない。私の全身からミシミシ軋む音がする。背骨が砕けてしまいそうだ。息が吸えない。声も出ない。苦しい。宙に浮かされた。これは本気でやばい。

「スケベー野郎ー！」

地面に投げ飛ばされた。私はぬいぐるみのように床に転がった。解放された。呼吸ができる。私が目をつむろうとすると、ビンタをされた。無表情のボブサップが、丸い目で私を見下ろしている。

「悪かったよ」

私は悪いことをしていないのに謝った。私の頭の中が強烈な酔いでグラグラに揺れていた。

「アニキ、まだ歌は続いてる」

ボブサップに抱えられながら、私は起き上がった。このあたりから私のテンションは自分でもわかるほどおかしくなり、なるようになればいいという心境になってしまった。

「イェーイ！　セクシーレーディー！」

江南スタイルを熱唱しながらダンスをした。今度はコカレロのボトルが運ばれてきた。コカレロとはコカの葉などハーブ系の植物を原料に作られた、綺麗な緑色をした度数が30度程の酒だ。

またもや私が歌っている最中に、コカレロのボトルが開けられた。ボブサップが無数のショットグラスにコカレロを注ぎまくる。会計はとんでもない額になるだろう。

「よーし、飲むぞー！」

私はマイクで叫んだ。ラテン系美女と抱き合い、ボブサップとハイタッチをする。すると、急に身体に異変を感じた。変な汗が出て、ボブサップの顔がボンヤリして見える。周囲がグラングランと回り、力が抜けていく。立っていられない。屈み込む。嘔吐をした。

「バカ、日本人」

「クソ野郎」

遠のく意識の中で、私への悪口が聞こえる。たった今まで、楽しく遊んでいた外国人ホステスたちの声だった。


「筋弛緩剤でも飲まされたんだろ」

しばらく療養していた私は、外国人マフィアと親交がある元暴力団構成員のジュンジに笑いながら言われた。裏社会で生きてきたジュンジは歌舞伎町のぼったくり事情にも詳しい。

「生きていただけ良かったな、哲也」

私はナイジェリア人不良グループの店で10万円程の金を取られて痛い目に遭ったが、助かったのはクレジットカードが使われていなかったことだ。あれだけ派手にシャンパンなどを開けられたらもっと高額な会計になっていたはずだ。仮に動けなくなった私が死んだとしたら、カードまで切るのはヤバイと思ったのだろうか。不幸中の幸いだった。

歌舞伎町の繁華街に詳しい出版関係者（40代）は話す。

「歌舞伎町で言えば、Ｋビル（仮名）とＲビル（仮名）が、黒人のシマだと聞いたことがありますよ」

私が被害に遭った外国人パブの場所が、まさにそうだった。ＫビルとＲビルでは、ぼったくりと昏睡強盗が横行しているという。

それにしても、本当に死ぬ想いをした。薬を盛られたせいで私は1週間程、寝込むことになった。意識は朦朧とし、会話もままならない。全身に力が入らず、糞尿も気付いたら垂れ流してしまう有様だ。

薬物反応が出ることで警察に捕まりたくない。病院にも行けなかった。日常生活に著しい支障が出てしまい、体調不良になったせいで精神的にも急激に弱気になってしまった。

ナイジェリア人不良グループを探して

外務省の基礎データによると、ナイジェリア（ナイジェリア連邦共和国）は、アフリカ大陸の西アフリカに位置するイギリス連邦加盟国の連邦制共和国だ。人口は約2億人を超え、アフリカの約5分の1を占める人口を誇る。ハウサ、ヨルバ、イボ等の推定250の民族が暮らす多民族国家で、宗教はイスラム教、キリスト教、アニミズムが存在する。

英国の植民地であったが1960年の独立以降、共和制と軍事政権が繰り返されて政情は安定しなかった。汚職、民族、宗教の対立、治安情勢は不安定化。2000年代には、過激派組織〝ボコ・ハラム〟によるテロ行為が活発化する。2015年の大統領選挙では、汚職対策やボコ・ハラム対策をはじめとした治安対策を掲げたブハリ元国家元首が大統領に選出される。

現在、ブハリ大統領は経済発展を推進しナイジェリアはアフリカ最大の経済大国となったと言われるが、国民の大半が貧困に苦しんでいる状況がある。石油などの豊富な天然資源の利権で裕福になれたのは一部で、電気の通らないスラムで暮らす人々や、路上で生活しているストリートチルドレンも存在するのが現実だ。

そのような中で、1980年代頃から来日するナイジェリア人が現れた。2020年6月末の法務省の在留外国人統計によると、日本で暮らすナイジェリア人の人口は3262人。これは正規に在留登録している人数で、非正規滞在者、難民申請者なども含めるとはるかにそれを上回る。２０１９年６月には、長崎県の大村入国管理センターに収容されていた40代のナイジェリア人男性が、長期勾留に抗議をするハンガーストライキの末に死亡する事件が発生している。

　来日するナイジェリア人は増加していき、１９９０年代に入ると東京都の新宿、渋谷、六本木、上野などの繁華街でバーの店員、クラブのセキュリティ、客引きなどをしているナイジェリア人を頻繁に見かけるようになった。

　２０００年代になるとナイジェリア出身のタレント、ボビー・オロゴンがバラエティ番組などで笑いを提供し、日本人にとってナイジェリア人が身近なものに感じられるまでに至った。最近では、ナイジェリア人の父と日本人の母を持つ、プロ野球選手のオコエ瑠偉《ルイ》などの２世が活躍し、日本社会にナイジェリア人は浸透していっている。

　だが、それは表社会だけではなく裏社会もだ。来日するナイジェリア人の増加は、確実にナイジェリア人アウトローも生み出していった。ナイジェリア人不良グループの勢力が、裏社会で話題となったのは２０１２年頃だ。

「歌舞伎町で、ナイジェリア人の客引きが、有名なヤクザの親分を殴ったらしい」

　繁華街で生きる客引きには、守らなければいけない１つのルールがある。それは、暴力団には声を掛けないという決まり事だ。しかし、ルールを知らないナイジェリア人の客引きの1人が、たまたま歩いていた暴力団の組長に声をかけてしまったのである。

組長に注意をされるナイジェリア人の客引き。すると、事情の分からないナイジェリア人の客引きは激怒して、その場で組長を殴るという暴挙を起こしたのだ。すぐに事態を聞きつけた暴力団構成員が集合し、ナイジェリア人の客引きに襲い掛かる。歌舞伎町の路上で暴力団とナイジェリア人の客引きたちとの喧嘩が発生し、大勢の警官が出動する大騒ぎとなったという。

この事件は都市伝説のように広まっていき、メディアにも取り上げられ、インターネット上の掲示板でも書き込みが溢れた。事件があったことを否定する暴力団関係者もいて真相は不明だが、歌舞伎町の裏社会にナイジェリア人不良グループの存在が周知されたことだけは間違いなかった。

歌舞伎町に縄張りを持つ武闘派で知られる暴力団に所属していた元幹部（50代）は言う。

「薬の売買の時にナイジェリア人の奴らと揉めたことがある。俺が現役の幹部だと知っているのに、大勢のナイジェリア人に取り囲まれた。ボスは身長が2メートルぐらいある大男で、その場の喧嘩じゃ絶対に勝てないと思ったね」

暴力団にも一歩も引かない凶暴性を持つナイジェリア人不良グループの実態とは何なのか。私は手探りのところから取材を始めるしかなかった。

２０１９年８月、私は東京都台東区上野にいた。理由はナイジェリア人不良グループのメンバーと接触するためであった。あらかじめ警視庁関係者から、ナイジェリア人不良グループのメンバーたちが、上野のアメ横（アメヤ横丁）にいることを聞いていたからだ。

「ナイジェリア人不良グループの代表的な仕事の１つが、繁華街で気の弱そうな日本の若者に声をかけて強引に服を売ることだ。狭いテナントでやれば家賃は少なくて済むし、劣悪な服を仕入れれば原価は格安だ。日本語が下手でも押しが強ければできるし、楽な商売だよ」

どこの店舗か分からないので、あてもなくアメ横付近を歩いた。終戦直後の闇市形態の発展型として残る、数少ない貴重な商店街である。アメ横の魅力の１つは何といってもダミ声での閉店セールを装った叩き売りだろう。

明らかにハイブランドを真似た粗悪な偽ブランド品も数多く低価格で売っていて、警察も取り締まらずに放置している。そうした良くも悪くも無法地帯のアメ横に、時代の流れと共に外国人が経営する店が増えていく。その中に、ナイジェリア人不良グループもいるというわけだ。

私がアメ横を徘徊していると、カジュアルなストリート系ファッションの店舗前に黒人が立っている。こちらを見つめていて、私と目が合うとニヤリと笑って近付いてきた。

「ヘイ！　マイブラザー！　見ていってくれよー！」

肩を叩かれて握手をされる。かなり強い力だ。背は私よりだいぶ大きく、180センチはあるだろう。金のチェーンネックレスをして、派手なラメ色のプリントがされたTシャツに、ダメージジーンズを穿いている。私は引っかかってみることにした。

「女とセックスできる服ある」

黒人は肩を組んできた。強引に店の中に連れていかれる。店内に入ると、柔軟剤のような香りがした。狭いスペースなのにもかかわらず、パーカーやジーパンが吊るされていて、棚にはTシャツが畳んで置かれている。歩くと服に触れてしまうぐらいで、これでもかというぐらい店内には様々な衣類が販売されている。私は不審な点に気が付いた。どの商品にも値札がつけられていない。

「マイブラザー。これでセックスできる。1万円」

黒人は意味不明なロゴの入った白いTシャツを見せてきた。私が何も答えていないのに、ビニール袋に入れ始める。高いし、私は選んでもいない。どうせ買うなら、着る服が欲しい。

「黒い色のシャツが欲しいです」

私が言うと黒人は頷いてまかせておけというような表情をした。

「どう、これ」

黒人はバスケットボール選手が着ているような、数字が書かれた赤いシャツを出してきた。ビニール袋に入れ始める。私はヒップホップをやっていないし、ラッパーでもない。

「ちょっと待ってください」

私は黒人を静止する。店内を見ると、ドクロのプリントがカッコ良い、アメカジファッションのブランド〝バンソン〟の黒い半袖シャツが吊るされていた。私はそれを指差した。

「オッケー。1万2000円。セックスできる」

黒人はビニール袋に素早く入れる。私は1万円札1枚と1000円札2枚を出した。黒人は笑顔で受け取る。レジを通さず、レシートも出ないらしい。だが、これでは終われない。目的は取材なのだ。

「どこの国から来ました？　日本長いですか？」

急に黒人の顔が強張った。強引に握手をされる。やたらと力強い。黒人の顔が、私の顔に近付いてくる。

「生まれた時から日本人だー！」

私を見つめながら大声で叫ぶ黒人。明らかに黒人は不機嫌そうだが、ここで引くわけにはいかない。

「名前は？　ナイジェリアのグループのこと知りませんか？」

私はしつこく尋ねた。すると、黒人は握手をした手を、そのまま私の鳩尾にぶつけてきた。息が止まる。

「スズキ！　ありがとー！　セックスしてこい！」

黒人は私の身体を押して、店の外へ出そうとする。抵抗するが、踏み止まることはできなかった。いとも簡単に、店から追い出されてしまった。

私はバンソンの半袖シャツが入ったビニール袋を持って、呆然とした。これでは服を買わされただけで、1万2000円を散財しただけだ。購入したバンソンの半袖シャツをインターネットで調べると、存在していないデザインであることが分かった。

ロマンス詐欺の手口

ナイジェリア人不良グループの実像は、いかなるものだろうか。私は雲を掴むような感覚になっていた。実態があるのか、ないのかさえ分からない。私に歌舞伎町の外国人パブで薬を盛ったボブサップや、上野で偽ブランドを買わせた黒人も、グループのことを聞いても一切答えなかった。

押して駄目なら引いてみろだ。私は発想を転換し、ナイジェリア人不良グループではなく、被害者の側を取材しようと考えた。日本に来日して徒党を組むナイジェリア人不良グループの代表的な金儲けの手段が、日本人女性をターゲットにした詐欺である。日本人女性の恋愛感情を弄び金を騙し取る「ロマンス詐欺」と呼ばれる手口だ。

出会い系サイトで日本人女性と知り合い、メールや電話で恋人関係や婚約者になったかのように振る舞い、何らかの理由で大金が必要になったと相談し、金銭を送金させる振り込め詐欺の一形態だ。オレオレ詐欺などの振り込め詐欺と同様に、被害に遭った場合のほとんどが犯人逮捕となっても返金されることはない。

警察によって立件されたナイジェリア人不良グループが組織的に関与したロマンス詐欺の一部を挙げたいと思う。

国際ロマンス詐欺疑い逮捕　ナイジェリア人の男ら数人

会員制交流サイト（ＳＮＳ）で外国の軍人らを装い、女性に恋愛感情を抱かせて現金をだまし取ったとして、福岡、埼玉両県警の合同捜査本部は22日、詐欺の疑いで関東在住のナイジェリア人の男ら数人を逮捕した。捜査関係者への取材で分かった。

このような手口の事件は「国際ロマンス詐欺」と呼ばれ社会的な問題となっており、捜査本部はグループの全容解明を進める。

捜査本部は22日朝、埼玉県吉川市内の自動車関連会社を家宅捜索した。捜査関係者によると、この会社はグループの拠点で、メンバーは関東一帯で活動していたとみられる。捜査本部が主導的な役割を果たしているとみている男は千葉県に居住し、他に神奈川県に住んでいるメンバーもいる。

（２０１９・１・22「産経新聞」）

ロマンス詐欺でナイジェリア人の男２人逮捕

福岡県警は26日までに、外国軍人らのふりをして恋愛感情を抱かせるなどして金をだまし取る「国際ロマンス詐欺事件」に関与したとして、犯罪収益移転防止法違反の疑いで住所・職業不詳、アナメレチ・ユステス・チディ容疑者（38）らナイジェリア国籍の男２人を逮捕した。一連の事件では既に５人逮捕されており、役割分担を調べる。

もう１人は千葉県松戸市新松戸、アルバイトのノエ・チケ・ビクト容疑者（29）。逮捕容疑は昨年４月、アナメレチ容疑者がノエ容疑者からキャッシュカード１枚を譲り受けた疑い。県警はカードが詐取した事件に使われた可能性があるとみている。

（２０１９・６・26「サンケイスポーツ」）

2019年8月、私は実際に、ナイジェリア人不良グループのメンバーだと思われる男性から、国際ロマンス詐欺の被害に遭った女性のケイコ（仮名・40代）から話を聞くことができた。

ケイコは北関東の某県に在住する中学生と小学生の子ども2人を持つシングルマザー。元旦那からの養育費は未払い状態だが、ケイコは看護士として働き、経済的にはそこそこ余裕があった。

「昔から男運が悪いんです。前の旦那は仕事を辞めてから、酒浸りで働かずにヒモになってしまって。それで別れました。駄目な旦那でも、いなくなると寂しくて。出会いを求めて出会い系サイトに登録をしたんです」

だが、その出会い系サイトで知り合ったシリア派遣中の米国軍人の1通のメールが人生を狂わせることになる。

「彼はマイケルという名前で、写真は映画に出てくるようなイケメンでした。とても優しい言葉をかけられて、すぐに好きになってしまいました。1ヶ月程メールを続けていたら、マイケルのことしか考えられなくなりました。仕事をしている時も、子どもと出かけている際もです」

ナイジェリア人不良グループの巧みなメールテクニックで日本人女性のケイコは虜にさ

れてしまった。

「ある時、マイケルから母親が病気になってしまったとメールで言われました。シリアにいるとお金を口座に振り込めないようで、必ず返すと言われたので指定された口座に入金しました。それからもメールで何度も頼まれて、3ヶ月程の期間でトータル300万円程を振り込みました。その後、私も貯金がなくなってしまったので、これ以上は無理だよとメールをすると、マイケルからは返事がこなくなり連絡が取れなくなってしまったんです。それで詐欺だと気付きました」

一度も会ったことのない相手に大金を振り込んでしまう女性が愚かであると思う人もいるだろうが、恋愛感情を弄ぶ詐欺が許されないことなのは確かだ。ロマンス詐欺の被害者の多くが中高年の独身女性で、大切なパートナーを想って金を振り込んでいたことが大半である。

「子ども2人の将来のために貯めた大切なお金でしたから警察に行きました。でも警察からは、ナイジェリア人の不良グループが頻繁におこなうロマンス詐欺の典型的な手口だと説明され、詐欺事件として立件するのは難しいと言われました」

ケイコは身体を震わせながら話した。マイケルという米国軍人の存在が、ナイジェリア人不良グループによって作られた嘘だということを知ったケイコ。私はナイジェリア人不良グループに復讐したくないかを聞いた。

「憎いとか怒りよりも悲しかったです。お金よりも、マイケルという最愛の人がいなかったことに衝撃を受けました。良い勉強になりました。もうしばらく男はいいかな。メンタルが病んじゃって」

ケイコはそう言い、涙を流しながら微笑んだ。恋愛感情を利用したロマンス詐欺が悪質である点は、金銭面での被害に加えて信頼していた恋人や婚約者に裏切られる精神面でのダメージがあることなのだ。

日本人の女を狙うナイジェリア人

記者などと意見交換をする飲み会に私は定期的に参加している。何人かの出版関係者で飲んでいる際に、日本のアンダーグラウンド業界に詳しい作家の先輩カズヒコ（40代・仮名）に聞いてみることにした。

暴力団、半グレとの豊富な人脈を持つカズヒコなら、ナイジェリア人不良グループについての情報を知っているのではないか。安易に先輩に頼りたくはなかったが、それぐらい私は先の見えない取材に困っていた。

「ナイジェリア人不良グループに直接の知り合いはいないけど、裏社会の人間から日本人の女に対してのことはよく聞くね。ナイジェリア人の不良が短期ビザや就労ビザで来日して、そのまま日本にいるために女を狙うんだ。女を口説いてセックスして結婚すれば、日本で暮らせる」

確かに日本人と結婚をして婚姻関係を結べば、「日本人の配偶者等」の在留資格を取得でき、永住権を持つことも可能となる。そこに愛があれば幸せなのだが、日本に住み続けるために日本人女性を利用するのであれば悪質だ。

「誰でもいいから中出しする。子ども生ませて結婚して、それが済んだら後は好き勝手に日本で暮らすんだ」

カズヒコは世の中の冷たく汚いものを見過ぎたような目で笑いながら言う。

「ババアを口説くナイジェリア人の不良もいる。難民とかで来てババアに手を出す奴もだ」

周囲が爆笑をした。けれども私は笑えないでいた。私が無言でいるとカズヒコは別の出版関係者と話し始めた。私は汚いものを浄化するように酒を呷った。

私が30年そこそこだが人生を歩んできた中で、非常に辛い時がある。それは現実を受け入れるということだ。世の中のありのままを直視したら、人間としての善悪の心が壊れてしまいそうになる。

日本人でもナイジェリア人でも悪い人間はいる。深刻な現状を前に、真面目に生きているナイジェリア人だけだろうか。そんなことはありえない。カズヒコが言ったように、日本人女性を道具のように使うナイジェリア人も紛れもなくいるのだ。私は、このまま見て見ぬ振りはできないと思った。ナイジェリア人不良グループの実態を、白日のもとに晒さなければならない。内心で静かに意気込む私に、カズヒコが冷めた目で言った。

「昔から日本にいるために外国人が金払って、ホームレスや借金で首が回らなくなった人間と偽装結婚することは多い。間に仲介役のブローカーが存在する。それぞれのメリットがあるから成り立っている。真樹君、話を聞きたいならば取材対象の人間と信頼関係を結ばなければならない。取材相手の活動を邪魔しないように、どのように信頼されるか。それが大事だよ」

六本木の闇とナイジェリア人不良グループ

「国際的なマフィアが、ナイジェリア人不良グループに絡んでいる」
「ナイジェリア人不良グループは○○会が面倒を見ている」
「ヤクザの力を弱くするために、警察がナイジェリア人不良グループを利用している」

私は危険を承知で、裏社会に生きる人間たちからナイジェリア人不良グループの情報を集めていた。けれども、裏社会に住む人間の話はハッタリであることも多い。ストレスが溜まるだけで、どの情報も確証を得ることができなかった。

暴力団との力関係についても、暴力団の抑えが利かない存在というもの、暴力団の下に位置するというもの、両方の情報が混在していた。私は根拠の掴めない情報を精査し、何とかナイジェリア人不良グループに近付いて、きちんとした取材をしたいと思っていた。

2019年9月某日の21時、私は東京都港区六本木にいた。ある人物を通じて、ナイジェリア人不良グループのボス、ボビー（仮名）と接触するためだった。この仲介者は信頼できる人物だった。無論、普通に繋がるはずのない相手である。それなりの過程を経て、運良くここまで来た。

「この店に行けばいるはず。だが、約束をしても来ないこともあるし、会ってくれるかは分からない」

六本木駅から少し離れた裏通りにある飲食店で説明を受けた私は、仲介者と一緒にボビーのいる店のある外国人向けのバーやクラブが目立つ六本木の歓楽街に向かった。

六本木交差点から外苑東通りの坂を下っていくと、歩道には数多くの黒人の客引きがたむろしている。昨今の繁華街に対する取り締まり強化から、制服を着た警察がパトロールをしているのが見える。さらには、パリッとしたスーツを着た日本人男性と尻を半分露出したような外国人女性が腕を組みながら歩いている。

客引き行為と売春行為が目の前で平然と繰り広げられているのにもかかわらず、警察は見て見ぬ振りだ。良い悪いは別として何のためにパトロールをやっているのか。せいぜい喧嘩などが起こった際に、体裁作りのためにに制止に入るぐらいなのだろう。六本木の夜の街は、表社会の世間体と裏社会の必要悪が共存していた。

歩いていると、仲介者と知り合いらしき、大柄の黒人の客引きが近付いてきて声をかけられた。笑顔で仲介者と握手をしている。私は黒人の客引きに会釈をする。黒人の客引きは、私の姿をジロリと見てきた。

仲介者が黒人の客引きに聞く。

「君はどこの国の人なんだっけ？」

「ナイジェリア」

「どうして、日本に来たの？」

「……」

黒人の客引きは黙ってしまった。

「そういうのはいいよ」

酷く困惑した表情で黒人の客引きは離れていってしまった。おそらく正規のルートで日本に来なかったのだろう。

「分かっていて質問した。彼からすれば、うちらは本当の仲間じゃないってこと。余計なことに立ち入るなって意味だね」

仲介者がいても、ナイジェリア人不良グループの警戒心は解けないようだ。

「ボビーさんに会えますかね？」

私は疑心暗鬼になり、失礼を承知で仲介者に尋ねた。

「挨拶ぐらいはできるよ。それから仲良くなれるかは別だけどね。ところで六本木は再開発をしているんだ」

ボビーに会えるかどうかだけが私は気になっていたが、仲介者の話を聞くことにした。

「それだけ六本木は利権があるってことだ。金が大きく動く、六本木でトラブルは日常茶飯事だ。外国人マフィアが絡んだものも多い」

私は仲介者にすかさず、質問をした。

「でも、外国人マフィアが絡んだ事件だと、怒羅権のメンバーと関東連合メンバーが共に、六本木の飲食店内で山口組系組織の幹部らに集団暴行を加えて2012年12月に逮捕されたような派手な事件は聞きませんね。ぼったくりなどでナイジェリア人が逮捕されているのは報道で見ましたけど。暴力団の方が外国人マフィアより上という秩序ができ、トラブルは少ないのではないでしょうか」

すると、仲介者はあからさまに不愉快な表情をした。

「事件にならないだけで、水面下では見えない争いばかりだよ。例えばほら、あそこにバーがあるだろ。あの店は違法売春の温床になっている。店にいる外国人女性は客じゃなくて売春婦だ。後ろには外国人マフィアがいる。そういうことを本職（ヤクザ）に断りもなく、外国人マフィアはやる。当然、揉めるよ。表向きには見えないかもしれないけどね」

気まずい雰囲気の中、六本木の繁華街を私は仲介者と歩き続け、ボビーのいるらしき店に入る。店内は大きなクラブ音楽が流れ、派手なライトアップに照らされていた。大勢の外国人客で溢れかえっていて、カクテルグラスや小瓶のビールを持ちながら楽しそうに踊っている。キスをしながら抱きついたりしている者も見える。映画に出てくるような風景だ。

「ちょっと待ってて。話してくるから」

仲介者は私にそう言うと、店の奥の見えない場所に行ってしまった。店の中には日本人の姿は全くない。日本でありながら日本人の私が完全にアウェイな空間だ。鼓膜が傷つきそうな爆音に包まれていると、日常の生活を忘れそうになる。

仲介者が戻ってきた。

「真樹君、ボビーは夜中の3時にならないと来られないみたい。それも必ずとは約束はできないらしい。どうする？」

私に判断を委ねてはくれているが、仲介者の表情は諦めた方がいいことを伝えていた。それに私は次の日に重要な取材を控えていた。口惜しいが、今日は無理をしない方が賢明だ。

「残念ですが、今日は諦めます。一杯飲みますか？　御馳走させてください」

私は仲介者へお礼をしようとした。すると、仲介者からは意外な返事があった。

「いや、真樹君、それは駄目だよ。自分の安売りになるし、ボビーに失礼だ。あいつらは皆、繋がっているから、すぐに伝わる。ボビーがいなければ、うちらはここに用事はないんだから。店を変えよう」

こうして、ナイジェリア人不良グループのボス、ボビーへのファーストコンタクトは、仲介者を通じたにもかかわらず空振りに終わった。その後、私の至らなさから仲介者に不愉快な思いをさせてしまい、ボビーに会う接点を失ってしまった。裏社会の人脈は、顔で繋がるものである。仲介者の顔がなければ、ナイジェリア人不良グループにとって私は単なる部外者なのだ。取材は再び、振り出しに戻った。

違法薬物「六本木パケ」を探して

２０１９年11月、私は六本木の繁華街でクラブ巡りをしていた。理由は仲の良い週刊誌記者に、六本木のクラブイベントの参加者の間で違法薬物が広がっているという情報をもらったからだ。密売ルートはいくつか存在するが、１つの大きなものがナイジェリア人不良グループが関与しているようだった。

２０１９年は芸能人の違法薬物所持、使用による逮捕が、世間を大きく賑わせた。同年3月12日には、厚生労働省関東信越厚生局麻薬取締部が、コカインを使用したとして、ミュージシャン、ピエール瀧（本名・瀧正則）を麻薬及び向精神薬取締法違反（使用）容疑で逮捕。後にピエール瀧は、懲役１年６月、執行猶予３年（求刑懲役１年６月）の有罪判決を受けた。

それに続くように5月22日、厚生労働省麻薬取締部がジャニーズ事務所所属の人気アイドルグループ〝ＫＡＴ－ＴＵＮ〟の元メンバー、田口淳之介と交際相手の女優、小嶺麗奈が逮捕される。その後、東京地裁は、田口淳之介、小嶺麗奈に大麻取締法違反（所持）の罪で、それぞれ懲役６月、執行猶予２年（求刑懲役６月）の判決を言い渡した。

「マトリ」こと厚生労働省麻薬取締部が連続で大物芸能人を捕まえたことにより、警視庁組織犯罪対策第5課も刺激を受けたのだろうか。負けじと警視庁組織犯罪対策第5課は、かねてから違法薬物使用が噂をされていた、ドラマや映画で主演のヒット作もある大物女優の逮捕に踏み切る。

２０１９年11月16日、警視庁組織犯罪対策第5課は、カプセルに入った合成麻薬ＭＤＭＡを含む粉末を所持していたとして、麻薬取締法違反の容疑で女優の沢尻エリカを逮捕した。

沢尻エリカは数多くのＣＭ出演をし、ＮＨＫの大河ドラマ〝麒麟がくる〟の帰蝶役で出演することが公表されていた。麻薬取締法違反での逮捕劇による違約金などで、沢尻エリカに請求される賠償金は総額20億円に上るのではと言われた。

しかし、警視庁組織犯罪対策第5課の狙いは沢尻エリカだけではなかった。沢尻エリカの供述や関係者の逮捕から、芸能人をも巻き込む違法薬物の巨大入手ルートを捜査することである。沢尻エリカは裏社会関係者の間では、昔から暴力団関係者との交友関係が噂されていた。過去に、住吉会系組員との同席写真を週刊誌にスキャンダルされたこともある。

スポットライトを当てられる存在である芸能人にまで浸透する違法薬物。

その象徴的な「ネタ」が、六本木や渋谷のクラブの常連で有名だった沢尻エリカが購入していたといわれる通称「六本木パケ」だ。「麻布パケ」とも呼ばれることがある。

この六本木パケは小袋（パケ）に詰められていて、ハイ（興奮状態）になれるドラッグとしてクラブを中心に出回っているとされる。一言で六本木パケといっても種類は様々でいくつかの小袋があり、大麻、覚醒剤、コカイン、ＬＳＤ、ＭＤＭＡなど顧客の注文に応じてチョイスするのだという。

それを調べるために私は六本木のいくつかのクラブを回っていた。どこのクラブにも、屈強な体型をした黒人のセキュリティが睨みを利かせている。酔っ払っても喧嘩をする気など起こらない容姿の黒人セキュリティ。私が会うことができなかったナイジェリア人不良グループのボス、ボビーが仕切っているのだろうか。

クラブにいると、どうしても私は目立ってしまう。派手な服を着ているわけではない。20代の若者たちがクラブファッションでいる中、30代で小汚い格好をした私は浮いてしまうのだ。私は怖気づいているのを気付かれないように、六本木パケの売買の実態を突き止めるべく、何とか潜入取材を試みた。

私は全身黒ずくめの服装をした、長身で筋骨隆々の黒人セキュリティに話しかける。

「楽しくなれる薬が欲しい」

すると、黒人セキュリティは私にヘッドロックをしてきた。首を絞める黒人セキュリティの腕を外そうとするが全く歯が立たない。

「薬なんてないよー」

殺される。黒人セキュリティの腕からは強烈な香水の匂いがする。意識が遠のいていくのを感じる。これはさすがにやばいと思った瞬間、私は黒人の腕から解放された。無謀な勇気は無駄死にをすることになる。私は黒人セキュリティに謝罪して引き上げようとした。

「待ちなよー。こっち来なー」

すると、黒人セキュリティが私を手招きする。ついていくと、クラブの隅にいる別の黒人を紹介された。セキュリティの黒人と違い、スマートな体型だ。

「何が欲しい？」

売人だろうか。ギラギラとした銀色のラメが施されたキャップに、カラフルなパーカーを着ている。見るからにクラブで遊んでいそうな黒人だ。

「楽しんでけよー」

セキュリティの黒人に肩を叩かれた。予想外の展開である。

「六本木パケが欲しい。楽しくなれる薬」

私は無論、違法薬物をやらない。だが、ここまで来たら身の安全のためにも取材のためにも買わざるを得ない状況だ。

「どれぐらい？」

売人らしき黒人に聞かれる。価格はいくらぐらいなのだろう。私は暴力団関係者に取材した際に、覚醒剤1キロの相場価格が1000万円から1500万円程度であることを聞いていた。なので、単純計算すれば、1グラムであれば価格は1000分の1。1万円から1万5000円ぐらいなはずだ。覚醒剤より少し高額とされるコカインでも、2万円程度だろう。私は慣れた表情で話した。

「1グラムだといくら?」

私が尋ねると、売人らしき黒人は驚いた表情をした。両手の指を使い、数字で8のマークを作った。黒人の手のひらが想像以上に白く見えた。

「8000円?」

私がそう言うと、売人らしき黒人は呆れた顔をする。そして、私の腹に軽くパンチをしてきた。息が止まる。まさかと思った。六本木パケは1グラム、8万円。高い。ぼったくりではないのか。薬物売買の素人だと見破られたのだろうか。

売人らしき黒人は、私に向かって手を出してきた。金を払えとのポーズだ。私は元々、違法薬物はやらないし、そんなに多くの金は払えない。

「1万円分でいいですか?」

私は素早く財布から1万円を出し、売人らしき黒人に差し出す。すると、売人らしき黒人はポーチからお年玉を入れるような小袋を出した。中身は見えないので分からない。1つだけ、手渡される。

「1万円だとこれだけ」

私は小袋を受け取った。当たり前だが、違法薬物を買うのが私の目的ではない。ナイジェリア人不良グループに取材をするのが目的だ。

「ナイジェリアの人ですか？」

売人らしき黒人はニヤリと笑った。どうやら的中をしたらしい。売人らしき黒人は、ナイジェリア人不良グループの一員だろう。だが、売人らしき黒人の男は私の質問には答えず、表情とあごを使って立ち去れという合図をした。ポケットに小袋を入れた私は頭を下げて、クラブのトイレに向かった。

洋式トイレのある個室に入り、ドアを閉めた。用を足すわけではない。ポケットからお年玉を入れるような小袋を出す。小袋を開けると、透明な小袋が出てきた。中には白い色をした塩のような粉が入っている。さすがに私には粉を取り出して舐める勇気はなかった。私は小袋をトイレに流した。

私はその後、信頼できる情報筋からの紹介で、ナイジェリア人不良グループのメンバー

（30代）に話を聞くことに成功した。

待ち合わせの居酒屋の個室に現れたナイジェリア人不良グループのメンバーは、ニット帽にサングラスにマスク姿という、怪しすぎる風貌だった。それぐらい私のことを警戒しているのだろう。

「ナイジェリア人のグループは300人ぐらいいる。ちゃんと仕事してるメンバーばかり。マフィア、犯罪グループじゃない。真面目に生きているナイジェリア人はたくさんいる。犯罪するのはベリーリトル。ナイジェリア人、頑張って日本語覚えて生きてきた。日本のヤクザはビジネスの相手。ビジネスのパートナー。うまくやってる。ただ、ヤクザとビジネスすると大変。口だけで役立たないことある。金だけ取られたこともある。いじめられたこともある。ビジネスやるなら、真面目なパートナーが良いよ。ドラッグはヤクザから仕入れする。でも、最近はタレントの逮捕で、警察に気をつけてる。クラブにいる若者はドラッグが好きだ。ドラッグは欲しい人間にしか売らない」

六本木パケの密売ルートに、ナイジェリア人不良グループが関与していることは本当だった。

「知り合いのヤクザや記者から、ナイジェリア人のグループにはボスがいると聞きました。紹介してもらえませんか？」

私は駄目元で、ナイジェリア人不良グループのメンバーにボスと会いたいと頼んだ。

「それできない。怒られる。でも、よくいる場所は分かる。その情報、マネーがいる」

私は１万円を渡した。

「六本木の◯◯だ。そこに行けば、ＯＫ。会える。俺の名前は言うな」

ナイジェリア人不良グループのボスに接近

２０１９年12月、私はナイジェリア人不良グループを仕切っていると言われる、ボビー（40代）が頻繁にいるらしい六本木の高級クラブにいた。いわゆる外国人スタッフが接待をする店だ。外国人不良グループのボスが遊んでいそうな場所である。

大柄なスキンヘッドの黒人男性とテーブル越しに話し合う。黒人男性は、プロレスラーといっても疑うことのない迫力ある体型だが、どこか中年太りのようなだらしない身体をしている。年齢は40歳ぐらいだろうか。顔もブルドッグのようで、お世辞にもハンサムとは言えない。

「ボビーはいない」

ブルドッグは愛想なく答える。私はこの場所に向かう途中、何度も立ち止まり、引き返そうとした。紹介者もいない中でどう取材をすればいいのか。相手が不審に思うのは容易に想像できた。トラブルになりかねないが、ここまで長期間にわたって雲を掴むような取材をしてきたのだ。

ナイジェリア人不良グループの取材で、私は甚大なリスクを負い、膨大な時間と金を費やしてきた。その労力とは裏腹に、取材としての成果は全くと言っていいほどなかった。ここで諦めるわけにはいかなかった。

「謝礼は払います」

私は財布から1万円を取り出し、ブルドッグに手渡した。ブルドッグは私から受け取った札を素早く目で確認した。ニヤリと笑う。1000円札、5000円札でなく、1万円札だったからだろう。

「OK。何知りたい?」

ブルドッグの目は笑っていないが、情報提供の了承を得たようだ。金は人間を狂わせる。裏切りさえもおこなわせる。

「ボビーはナイジェリア人マフィアのリーダーというのは本当ですか?」

ブルドッグは、歯を見せて笑った。

「そうだ。ボビーがナイジェリア人、まとめてる。彼はベリーベリーグッドメン。でも、マフィアじゃない。もっと知りたきゃ、マネープリーズ」

痛い出費だが、私は再び財布から1万円札を取り出して、ブルドッグに手渡した。ブルドッグは、ご満悦な表情を浮かべた。腹の立つ顔である。

「ボビーに会いたい。紹介してくれませんか？」

すると、ブルドッグは首を横に振った。ブルドッグは、でかい手を私の顔の前に出し、拒否のポーズをした。

「それは無理。紹介はできない」

要求は断られた。だが、私はここで帰るわけにはいかなかった。

「ボビーは悪いこと、ぼったくり、ドラッグビジネスなどの犯罪はしていませんか？　日本のヤクザと仲良くはありませんか？」

私は突っ込んだ質問をした。ブルドッグは、私に対して呆れた表情をした。確かに、最初からボビーを疑っている前提で質問をしてしまったかもしれない。言葉を発した後に、気が付いた。私は焦っていたのだろう。

「終わりだ。帰ってくれ」

ブルドッグは私の肩を叩いた。どうやら出ていけということらしい。これだけのやり取りで2万円。いい加減にしてくれ。

「俺は客だぞ」

その言葉と同時に、ブルドッグの顔が殺気を帯びた。ブルドッグが身を乗り出したのが分かった。次の瞬間、首に激しい圧力を感じた。私はテーブルに押さえ込まれている。顔面は無事だ。テーブルとの隙間に、自分の手を置いていたからだ。何が起こった。首が上がらない。かろうじて視線を上げると、私は来ているジャケットの奥襟をブルドッグに握り掴まれ、動けなくさせられているようだ。

「おい、何しに来た」

耳元にブルドッグの吐息混じりの声がかけられた。完全に怒らせてしまったらしい。抵抗するが、微動だにできない。圧倒的な腕力で制圧されている。格闘技でもそうだが、一度、完全に首を極められてしまえば、抜け出すことは不可能だ。勝てない喧嘩で意地を貫く程、馬鹿じゃない。私は取材にきたのだ。そう、自分に言い訳をした。

「すいません。ソーリー。帰ります」

私は何とか声を出し、素直に謝罪をした。すると、今度は私の上半身が持ち上げられた。ジャケットの奥襟を持たれて激しく引き寄せられる。

「帰ってみろ」

私の目の前に、潰れたシワシワの顔が現れた。本当の犬のブルドッグのような顔だ。激怒したブルドッグが私の首を捩じ上げている。打撃の苦痛とは異なる、締めつけられる苦痛に襲われる。ミリミリとした音が聞こえた。これはさすがにヤバイ。

「ご、めん、なさい」

自分のものだと思えない情けない声が出た。だが、私の詫びる気持ちとは裏腹に、視界にはテーブルがもの凄いスピードで近付いてきた。また、ブルドッグにテーブルに押さえ込まれた。この繰り返しが続くのか。先の見えない苦しみ程、恐いものはない。

「帰りたいか。マネー」

再度、耳元にブルドッグの吐息交じりの声がかけられた。今度は金を出せとの脅しも込みだ。長く首が締め上げられているからか、意識も朦朧としてきた。

「は、い……」

私は何とか声を振り絞った。自分の身体が溶けてしまうような気がした。

間一髪、ブルドッグの猛烈な腕力から、私は解放された。脳に酸素が著しく不足していた。呼吸をする。意識がはっきりと回復をする。上体を起こすと、ブルドッグの潰れたような顔があった。

反抗する気力はなかった。私はうな垂れながら、財布を出す。すでに３度目となる１万円を私は支払う。ブルドッグの手が１万円札を受け取った。私は恐くて、ブルドッグのことは見なかった。

私は席から立ち上がった。首と背中が痛い。だが、そんなことは、どうでもいい。この場から、とにかく立ち去りたかった。

「ジャスト、ア、モーメント」

ブルドッグに呼び止められる。まだ何があるというのか。私は身体を硬直させた。

「ボビーは、店やってる。オーナー。ここの近くの◯◯だ。でも、最近、いろいろあって、出てこない。いつもいない」

ブルドッグは、ボビーがオーナーをしている店を教えてくれた。私が礼を言うと、ブルドッグは不気味な笑顔で私の肩に軽くパンチした。

後日、私はナイジェリア人不良グループのボス、ボビーがオーナーをする六本木の繁華街にある店に向かっていた。

「暴力団にも一歩も引かないで立ち回る」

「身長が2メートルある」

「元格闘家で喧嘩をしたら殺される」

「警察にも顔が利くので、やりたい放題だ」

噂で耳にするボビーの伝説は、どれも大げさだと思ってしまうものばかりだった。それはアウトローの世界ではよくあることだ。アウトローの武勇伝はアウトロー集団の中で伝説化し、誰かを神格化するケースが大半だ。

ナイジェリア人不良グループのボスと言われる、ボビーもそうなのではないか。そう信じたかった。ついに、ナイジェリア人不良グループのボスの店に突撃をする。

店に到着した。入口には、見るからに柄の悪い半グレ風の若者がたむろをしていた。タバコを吸う者、電話をかけている者、騒いでいる者などがいる。

半グレ風の若者はジロリと睨んでくるが、私が店に入ろうとすると素直にどいてくれた。外からは店内が見えない重厚な黒いドアだ。防音使用になっているのだろうか。私は勇気を振り絞り、ドアを開けた。

「いらっしゃーい」

小太りの中年黒人男性が満面の笑顔で迎えてくれた。柔和な顔つきで、カジュアルなストリートファッションに身を包んでいる。店員なのだろうか。握手をする。

「1人だけど、大丈夫ですか?」

「OK。友達になろー。ドリンクはあそこで頼む」

小太りの中年黒人は優しく私に教えてくれた。店内は丁度良い音量でクラブミュージックが流れている。妖艶な紫やピンクのライトに照らされていて、少しスモークがかかっている。いかにも、遊び人が集まりそうな場所だ。私はドリンクを注文するカウンターに行く。人だかりができていて、日本人の若いイケメン店員が忙しそうにカウンターの中でドリンクを作っている。

私はジントニックを頼んで、1000円札を渡す。お釣りが200円返ってきた。値段もリーズナブルだ。日本人の若いイケメン店員は、慣れた手付きでプラスチックコップにカクテルを作っている。

ジントニックを飲みながら店内を見渡す。ボビーはいるだろうか。店内には、若者、中年、外国人客がバランス良くいる。酒を飲んでいる者、踊っている者、話をしている者など、各々がそれぞれに楽しんでいる。金持ちも、貧乏人も、不良も共存している。六本木という、多種多様な人間が集まる場所柄のニーズに的確に応えているように感じられた。

「飲んでる?」

1人で寂しそうにしていたからか。最初に出迎えてくれた、小太りの中年黒人が話しかけてくれた。小瓶のコロナビールを飲んでいる。乾杯をする。これはチャンスだと思った。

「今日、オーナーのボビーさんはいませんか?」

小太りの中年黒人は、コロナビールを飲みながら首を振った。

「ボビーの知り合い？ 来ないと思う。約束してる？」

流暢な日本語で、小太りの中年黒人は話す。やはり、ボビーは表に出てこないのだろうか。

「フリーライターの真樹といいます。可能であれば、ボビーさんに取材をしたいです。少しだけでも話をさせてもらえたら嬉しいです」

「どんな取材？」

「ナイジェリア人のグループを仕切っているのはボビーさんだと聞きました。ヤクザにも負けない、身長が2メートル、元格闘家で喧嘩が強い、警察にも友達がいる六本木のボスだといろいろな人から聞きました。本当のことを知りたいんです」

小太りの中年黒人は大笑いをした。たるんだ腹を何度も叩く、派手なリアクションをする。

「そんな凄いのかー。ボビー。モンスターだ。少し、待ってて。聞いてみる」

たぶん、この小太りの中年黒人はボビーの仲間なのだろう。

小太りの中年黒人と、カウンター内にいる日本人の若いイケメン店員が話している。思ったよりも、フレンドリーな対応だ。もしかしたら、ナイジェリア人不良グループのボス、ボビーに会えるかもしれない。期待に胸を躍らせていると、小太りの中年黒人が戻ってくる。

「やっぱり今日は来ないらしい」

残念だが、今日はボビーは姿を見せないらしい。取材はできないようだが、せっかくボビーの店に来たのだ。私は小太りの中年黒人にお礼の意味も込めて、酒を勧めた。

「ありがとー。一緒に行こう。コロナビール」

私は小太りの中年黒人と2人でカウンターに行き、日本人の若いイケメン店員にコロナビールと、自分のジントニックを注文した。すると小太りの中年黒人は、歌手の安室奈美恵に似た若い日本人女性に話しかけられた。さらにそこに西欧人風の長身男性が現れ、握手をした。この小太りの中年黒人は、店の顔のような存在らしい。

日本人の若いイケメン店員からドリンクを受け取る。

「センキューベリベリエクササイズ！」

小太りの中年黒人は腰をリズミカルに振る。意味が分からないが、自然と笑ってしまった。

「今日は飲むよーー！」

小太りの中年黒人と、Bガール風日本人女性と、西欧人風長身男性が乾杯をする。なぜか、私も巻き込まれる。

「乾杯ー」

皆で一気飲みをする。

「イエーイ！」

小太りの中年黒人は、何やらカウンターにいる日本人の若いイケメン店員に手で合図をした。するとショットグラスが出てきた。黒いボトルから、赤茶色の液体が注がれる。次にアイスが入れられたロックグラスに、エナジードリンクのレッドブルが注がれた。

「イエーガーボムだ」

ロックグラスの中に、ショットグラスが放り込まれる。赤茶色と黄金色が混ざり合う、ドリンクが完成する。イエーガーボムとは、56種類のハーブやスパイスから作られたイエーガーマイスターというアルコール度数が35度にもなるリキュールをベースにしたカクテルだ。

「フワフー！」

小太り中年黒人の叫び声が上がる。私は覚悟を決めて、イエーガーボムを一気に喉に流し込んだ。喉が焼けるようだ。身体が燃えるように熱くなる。皆でハイタッチをする。イエガーボムは、小太り中年黒人による歓迎の儀式だったらしい。私は強い酒を飲んだので、顔をゆがめて声を出した。

「いやほー！　もう一杯お願いします！」

酔っている私を見て、小太り中年黒人は腹を抱えて笑った。クラブミュージックが脳内に響き渡る。私は全身の力を抜いて、音楽に合わせてダンスをする。日頃の溜まっていたストレスが解放されていく。このまま非現実に溶け込んでしまいたい。
「面白い奴だな。ボビーを紹介するよ」
こうして私は、ナイジェリア人不良グループのボス、ボビーに会って、話を聞くことに成功したのだ。

不良グループのボスへのインタビュー

――（真樹）ボビーさんがナイジェリア人マフィアグループのボスだと、いろいろな人から聞きました。それは本当ですか？

ボビー　マフィアじゃない。ボスでもない。仲間は一杯いるけれども、ナイジェリア人だけじゃなくて、多くの国の人間。日本人の友達、たくさん。長く日本に住んでいて、いろいろしてきたし、店をやってるし、頼られているだけ。困っているナイジェリア人いれば、できることはしてきた。

――グループにはなっているのですか？

ボビー　それはある。ナイジェリア人、グループに入らないと生きていけない。私も、そうだった。ユー（お前）、例えばナイジェリアにいきなり行ったら、どうする？　言葉喋れない。お金ない。ビジネスない。日本人がいたら頼るだろ。当たり前のこと。

――はい。自分の身になって考えると、そう思います。

ボビー　そうだよ。まだ日本にナイジェリア人が少ない頃に来た。とても苦労した。だから、よく気持ちが分かる。日本は豊か。ビジネスチャンスある、ナイジェリア人、みんな日本に来たい。でも、日本来て、助けてくれる仲間がいないと困る。私は自分の力もあるけど、良い人たちに助けられてきた。それで今、幸せに暮らしてられる。

だから、ナイジェリア人のコミュニティを作り、助け合い生きていけるようにしなきゃと思った。仕事がない人間いたら雇う、暮らす家ない人間いたら部屋に住ませる、お金のない人間いたら食事あげる、そういうことをしてきた。

――ボビーさんが、同胞のナイジェリア人を想っていることがよく分かりました。ただ、日本の警察、外国人犯罪組織を取り締まる警視庁組織犯罪対策第2課はナイジェリア人のグループを、外国人マフィアとして警戒し捜査対象としています。

また、一部のメディアも繁華街にいるナイジェリア人について、不良グループとして批判的な記事を出しています。その点はいかがでしょうか？

ボビー　警察、何も分かってない。マフィアじゃない。確かに一部、犯罪をしちゃう人間はいる。でも、それは日本人も同じ。いつも、ナイジェリア人の仲間に悪いことはするなと話してる。日本でナイジェリア人が犯罪をすると、ナイジェリア人全部が悪く見られるから。

だけど、日本人はそうじゃない。ジャパニーズマフィアのヤクザが犯罪をしても、日本人全部だと思われない。私たちナイジェリア人は日本で生きてきて、ナイジェリア人というだけで差別されてきた。私も逮捕されたことあるけど、あんまりだよ。

――確かに日本社会において、日本人による外国人差別は根深いものがあると思います。最近の警察は、日本のヤクザに対しても締め付けがとても厳しいです。ナイジェリア人のグループや他の外国人マフィアに対しても、それがおこなわれることを心配しています。

ボビー　ただ、いくら頑張っても、サポートには限度がある。私や長く日本に住んでいる仲間たちの生活もあるから。私はゴッド（神様）じゃない。助けられなくて、生活がどうにもならなくて、犯罪しちゃうナイジェリア人も出る。嫌な噂、聞く。

――ボビーさんは、ナイジェリア人のグループが違法薬物売買、ぼったくり、詐欺などを裏でおこなって金儲けをしているとかの情報は耳にしたことありますか?

ボビー　確かに、悪さをしているナイジェリア人、ちょっといるみたいだ。うちの店の周りでも、そういう人間いたら注意して怒ってる。喧嘩とかもあれば、間に入って止めてる。捕まっていいことないよ。ちゃんと、ナイジェリア人が真面目に仕事をしているの伝えていく。

――大変だと思います。ナイジェリア人のグループが日本のヤクザと揉めたり、または違う国のマフィアとトラブルになることはあるのでしょうか?

ボビー　六本木のナイジェリア人は、みんなと仲良くしたい。相手のメリットが大事。最近は夜の街にナイジェリア人、本当に増えていてよく分からない。これで、もう話は終わりにしよう。

私はボビーにお礼を言い、取材場所を出て帰路についた。六本木の繁華街には数多くのナイジェリア人風の黒人客引きが立っていた。どの黒人客引きも並外れて身体の大きい者ばかりだ。私の姿を確認すると、獲物を狙うような表情をして近付いてくる。

「マイブラザー！　遊んでってくれ！　おっぱい揉める、飲める、吸える、最高に楽しいー！」

執拗に話しかけてくる黒人客引きを無視しながら、私は悲しい気持ちになっていた。ナイジェリア人不良グループのボス、ボビーは、いわゆる外国人マフィアという存在とはかけ離れた人物だった。表情は温和で物腰はとても柔らかい。アウトロー特有の強がりや威嚇する素振りも皆無だった。

ボビーの正体は、ジャパンドリームを掴みに日本に訪れるナイジェリア人のパイオニア（先駆者）に他ならなかった。私がボビーと会って強く感じたのは、生活に困窮するナイジェリア人の面倒を見ることができない悲しみである。

いかに警察が、ナイジェリア人不良グループを取り締まっても、その問題を根本的に解決しない限り、犯罪をするナイジェリア人は出てきてしまう。六本木の闇は、日本社会の病理でもあるのだ。

第4章 フィリピンマフィア

犯罪を仕事にした若者たち

暴力団と関係するフィリピン人不良グループ

2020年3月上旬、新型コロナウイルス感染拡大の最中で、私は知人の暴力団構成員と共に某県の繁華街にある料亭にいた。料亭の個室は8人程が会食できる大きな部屋で、2人だけで使うには広過ぎると感じてしまう。目の前にいるスキンヘッドでスーツ姿の暴力団構成員のFは、ひっきりなしに電話をしている。

高級な日本酒を飲みながら、繊細な味のする会席料理を味わう。この金をどのような手段で儲けたのかが知りたかった。取材を依頼した際に、こうした対応を取られる時は悪く書くなというサインであることが多い。

「今、ヤクザも動けないからさ。何かあればすぐにデコ（警察）にやられる。外国人に仕事を振ることが多いんだよね。でも、金の取り分で揉めたりするから面倒くさい。日本人とやっぱり考え方が違うよ。外国人は」

日本の裏社会も表社会と同様に、外国人の受け入れが進んでいる。それは日本の裏社会も、外国人に頼らないと成り立たないということだ。

「ヤクザに対する警察の取り締まり強化が悪影響をもたらしていますね」

私は適当に会話を続けた。

10分程経っただろうか。襖をノックする男が聞こえた。

「お見えになられました」

料亭にそぐわないカジュアルな服装をした、2人の外国人男性が入ってきた。

「ハーイ」

Fに向かってフレンドリーな、お辞儀もない挨拶をする。私の方はチラリと見ただけだ。

外国人男性2人は私の斜め前に座る。

「フィリピン人のジャン（仮名）、ハオ（仮名）だ。作家の真樹君」

紹介をされ、私は頭を下げた。

「ハイボール頼んでいい？　一杯だけ」

ジャンが言う。ハオも頷く。どうやら、私には興味がないようだ。取材先でこうした不愉快な態度を取られることはよくあるので、私は気にはしなかった。

「ああ。真樹君、悪いね。そのボタン押してくれるかな」

私は料亭の店員にハイボールを注文するため、呼び出しボタンを押した。すぐに店員の歩く音が聞こえて襖が開いた。ジャンとハオは何も言わない。Fも口を開こうとはしない。

ジャンとハオが、Fよりも立場が下なら自分たちで注文をするだろう。このことで私には少し関係性が把握できた。気を利かせて私が声を出してハイボール2つを頼んだ。

それにしても、ジャンとハオは見るからに凶悪な容姿の外国人だ。年齢は2人とも、30代後半ぐらいだろう。ジャンは手の甲に、ハオには首筋にタトゥーが彫られている。

「うちら○○組の枝の組織が彼らの面倒を見ている。彼らがフィリピン人のグループをまとめているんだ」

Fがそう言うと、ジャンとハオは明らかに不愉快な表情をした。

「俺たちは、下じゃない」

ジャンが噛みつくような目をしながら、Fに注意をした。ハオもFを睨みつける。空気が凍り付いた。Fの目が怒りで据わる。そこにタイミング良く、状況を知らない店員が入ってきた。ジャンとハオの前に、ハイボールのジョッキが置かれる。

Fは苦虫を噛み潰したような顔をした。張り詰めた空気が和らいだ。

「まあ、上下とかどうでもいいや」

4人で乾杯をする。ジャンとハオは、ハイボールを飲むとニヤリと笑った。が、これで終わりではなかった。店員が部屋から出ていったのを確認すると、Fが口火を切った。

「ところで、仕事はどうなってる?」

ジャンとハオは私を気にするような表情をし、返事をしない。

「別に隠すことじゃないだろ。仕事がうまくいってるか、いってないかだ。それぐらい聞いてもいいよな」

Ｆは凄んだ。和らいだ空気が再び一変する。ジャンは困惑した面持ちで答えた。

「まだ、今は駄目。ちゃんとやってるけど、地元のヤクザがうるさい。でも、うちらフィリピン人は人数いるから大丈夫。うまくやるよ」

どうやらＦは、ジャンとハオを使って別の暴力団組織のシマに進出をするつもりらしい。暴力団組織の縄張りを荒らすことがどれだけ危険な行為かを、ジャンとハオは理解しているのだろうか。

「上も下もない対等な関係でいいけど、仕事はちゃんとやれ」

ジャンとハオは言い返さないが、少し苛立った表情をした。すかさずＦはスーツの懐から封筒を取り出してジャンに渡した。

「ありがと。帰るね」

ジャンとハオは立ち上がり、部屋を後にした。ろくにハイボールを飲んでいない。金を受け取りに来ただけなのが分かった。

「外国人は礼儀を分からねえんだよな。日本はあんな奴らばかりになるのかよ」

愚痴をこぼしたＦは日本酒を呷った。

不良グループのシノギ

フィリピンの正式名称は、フィリピン共和国。フィリピンは7000以上の島を領有する島国で東南アジアに位置する。歴史は古く、15世紀頃までは先住民族や移民が混ざり合い、多様な民族によって成り立ってきた。

フィリピンはスペイン、米国、日本などの植民地を経て1946年に独立。1965年には反共産主義を唱えるフェルディナンド・マルコスが大統領に就任し、米国の後ろ盾を得て20年に亘る長期政権となったが、大統領夫人をはじめとする贅沢の限りを尽くす取り巻きによって腐敗した独裁政権と批判された。1986年に起きたエドゥサ革命でマルコス政権は崩壊し、現在のフィリピンの体制が成立した。

だが今もなお、フィリピンは経済難であり、フィリピンに住む多くのフィリピン人の暮らしは、約1000万人に及ぶ海外在住労働者の送金によって支えられている。フィリピンの人口は約1億904万人（2020年　フィリピン国勢調査）と、とても多い。

その中でも日本はフィリピン人が出稼ぎに来る代表的な国の1つだ。日本にいるフィリピン人の大半は低賃金で働いて、自分の生活もままならないのに、フィリピンの家族に送金をしている。日本で生きるほとんどの日本人からすれば、そうしたフィリピン人のライフスタイルは想像もできないだろう。フィリピンの歴史は悲しみに満ちている。

私はフィリピン人不良グループについての情報を何も持っていなかった。手掛かりは、2014年8月に産経ニュースが出した1つの記事だった。

その記事は、「【衝撃事件の核心】フィリピン版「怒羅権」？　危険ドラッグ欲しさにひったくり　不良少年グループの実態とは…」というタイトルで、犯罪行為を繰り返すフィリピン人不良グループについて具体的に報道をしていた。

組織名は『ピノイ・プライド・チル（PPC）』。PPCはフィリピン国籍やハーフの少年らで構成され、東京都墨田区錦糸町を中心に約200人のメンバーがいると豪語する内容だった。しかし、記事中にも書かれていたPPCの関係者がアップしていると思わしきユーチューブの動画を見ても、全くと言っていいほどに不良グループには思えない。

私は都内で暮らすフィリピン人の若者や、フィリピンパブで働く日本人男性の従業員などに尋ねたが、誰もPPCのことを知らなかった。また、私はいくつかの錦糸町のフィリピンパブにも通って情報収集をしたが、PPCのメンバーを知る者はいなかった。

困惑した私は東京都足立区の竹の塚に足を運んだ。竹の塚には「リトルマニラ」とまで呼ばれるフィリピンパブの密集地帯がある。私は竹の塚を何度も訪れたが、ＰＰＣについての情報や、ＰＰＣの存在を認知しているフィリピン人や日本人は皆無だった。

こうなったらマスコミ関係者に聞くしかない。私は旧知の関係である某大手テレビ局記者に話を聞いた。

「フィリピン人不良グループですか。聞いたことありませんね。マスコミ的なイメージだと、神奈川県川崎市で起きた川崎市中1男子生徒殺害事件が印象深いですね。主犯の18歳の少年が日本人の父親とフィリピン人の母親との間に生まれたハーフだったことは一部報道でも出ていますが、小学生時代からいじめを受けていたらしく、フィリピン人の血が入っていることから差別的なものだったようです」

勿論、この事件の被害者は、主犯の少年が差別されていた時の加害者ではないし、何ら関係なく理不尽に殺害されている。しかし、今後、日本で暮らす外国人や外国にルーツを持つ人間が増加することで、差別されたことが引き金になり無関係の自分より立場の弱い者を攻撃する犯罪は増えていくだろう。

日本人の犯罪者もそうだが、犯罪に手を染めてしまう者の大半は、悲惨な過去を持っていることが多い。非常に考えさせられる話を聞いたが、某大手テレビ局記者もフィリピン人不良グループのことは把握していないようだ。

都内が駄目ならば、フィリピン人が多く暮らす北関東地方だ。私は手探りの中でまず、北関東の某県警関係者にフィリピン人不良グループについての情報を求めた。

「最近、北関東ではフィリピン人の不良グループが増えています。ただ、明確な組織名があるグループは聞いたことないですね。外国人の不良グループは日本の暴力団的な組織形態と違い、友人関係の延長線上のような感じで、摘発してもグループの実態解明は難しいです。メンバーの名簿はありませんし、SNSで知り合って一緒に犯罪をするなど、今までの日本の暴力団組織による犯罪形態とは異なります。上層部も頭を抱えています。また、単純にオーバーステイ、不法滞在が多いですね。昔からですが、フィリピンパブ関係者がよく逮捕されています」

警察関係者も知らないとなると、最後の切り札はフィリピン人不良グループと同じ裏社会の住人、暴力団関係者しかない。私の経験上、暴力団関係者に頼み事をすると、その倍以上の返しをしなければならない。しかし、フィリピン人不良グループについて何の情報もなければ、取材を進めようがない。私は暴力団関係者に話を聞いた。

「うちで面倒を見ているフィリピンパブはいくつかあるよ。昔ほどじゃないが、まだ金になる。フィリピンの連中でも悪い奴が多いからさ。日本に住み続けるために手段を選ばないし、金儲けでも危なっかしいことを平気でする。フィリピン人とやるシノギで古典的なのは、偽装結婚、偽造在留カードとか、いろいろある。ヤクザからしたら、カッコ悪い仕事とか、後ろめたさがあるシノギもやってくれる。昔からいるフィリピン人ホステスの子ども世代が不良グループを作っていたりするよ。紹介は悪いけどできないかな」

具体的なフィリピン人不良グループの組織名や有力者の内容は聞くことができなかった。

「ところで、キリトリ（ヤクザ用語で集金）で困っているんだけど、良い案ないかな？そいつは借金したくせに、返せないって開き直ってるんだよ。世間体を気にする人間だから、ライターとかが訪問したら嫌がると思うんだよね」

案の定、取材をした見返りの頼み事を暴力団関係者からはされた。物書きができる仕事ではないので断ったが、納得してもらうために膨大な労力を必要とした。

不幸中の幸いなのが、暴力団組織とフィリピンパブが繋がっていることや、昔から日本で暮らしているフィリピン人ホステスの子ども世代が不良グループを形成していることが分かったことだ。フィリピン人不良グループと会うには、フィリピンパブ関係者と接触するのが近道だろう。

稼げる国、日本

2019年11月、北関東某県にあるフィリピンパブ『X（仮名称）』に私は向かっていた。古い建物とはアンバランスな派手なライトアップが、夜の店特有のいやらしさと情緒を感じさせた。

一緒にいるのは仲の良い介護施設の社長、鈴木（仮名・60代）だ。鈴木社長には離婚歴があり、私と同じくらいの子どもがいる。現在は独身だという。タレントの所ジョージに似た温和そうな雰囲気と優しい表情が印象的だ。

「社会勉強だと思って楽しんでよ。真樹君みたいな若い男を呼ぶと僕の顔も立つからさ。フィリピーナ（フィリピン人女性）たちも喜ぶ。この店のオーナーとは昔からの知り合いなんだ。紹介するよ」

私には好都合だった。1人で店にいきなり行って、フィリピン人不良グループのことを尋ねても警戒されるだけで話を聞かせてもらえない。常連客の紹介でファーストコンタクトをした方が信頼されるはずだ。

店のドアを開けると、ふくよかなフィリピン女性が現れた。鈴木社長に抱き付く。金髪の髪に浅黒い肌でセクシーだ。肉付きがとても良いムチムチな身体に、花柄のミニスカートのドレスを着ている。

「アイカ、また太ったんじゃないか？」

アイカの年齢は私と同じぐらいで30代前半だろうか。店に入った途端に、鈴木社長といちゃつく。アイカに、一番奥の広いソファー席に案内される。鈴木社長が、店からどれだけ大切な客だと思われているかがよく分かる。

「社長、ちょっと待っててねー。お客さん帰して来るねー」

アイカはそう言うと、自分の指名客らしい客がいる席に向かった。そこには冴えない高齢男性がいた。よくあるキャバクラとは違い、怪しく薄暗い空間の中に、派手なライトに照らされたダンスステージが見える。下着の見えそうなドレス姿のフィリピン人ホステスたちが音楽に合わせて踊っている。

店内は50~80代ほどの高齢男性たちで満員だ。高齢者たちは、踊りに合わせて慣れた感じで手拍子をし、性欲丸出しの視線で眺めている。救いようのない下品な空間だ。鈴木社長が私に小声で話す。

「真樹君、この店は僕みたいな年寄りしか来ないよ。みんなスーツ姿じゃないし働いていない老人に見えるけど、あそこの人は工場の社長。あっちにいる人は土地持ちのマンション経営。そっちの人は、きゅうり農家のプロフェッショナル。アイカのこと指名している人は、市議会議員の先生。それ以外にもいろいろな人たちがいるけど凄い人も多いんだ。勿論、年金暮らしの爺様方も年金が入るとたくさん集まるけどね。若い頃に一生懸命働いたからだよ」

　キャリアウーマン風の素敵なフィリピン人の熟女が近付いてくる。おしぼりを渡される。私は会釈をした。

「いらっしゃーい。社長のフレンドは私のフレンド。よろしくねー。焼酎でいい？」

　頷くとママが慣れた手付きで焼酎水割りを作ってくれた。

「真樹君、ここのママだよ。今日、オーナーいる？」

「若いから、ママって分からないでしょ。私を指名してくれてもいいよ。今日、オーナー、たぶん来ないね。あんまり働かないんだよ」

　タイトスカートにストライプのシャツをウエストインした姿のママは、海外の映画に出てきそうな女優と言っても過言ではない美しいフィリピン女性だ。

「待っててねー。若い女の子、呼んで来るよー」

　待っていると、鈴木社長からマンションの経営者だと教わった人が歌い出した。が、フィリピンクラブに全く似合わない演歌だ。すると、アイカともう1人、若い派手なフィリピン人ホステスが来た。

　アイカが鈴木社長に抱き付く。店にいるお客さんたちから見えてしまう。

「駄目だってアイカ。またママに怒られるよ。あっ、真樹君、ごめんごめん。こちらはソフィアちゃん。若くてピチピチ」

ソフィアは私の隣に座った。とても小柄で細身の体型だ。長い黒髪で、目鼻立ちがくっきりしている。日本人のような見た目で、女性アナウンサーの田中みな実にそっくりだ。水色のドレスがよく似合っている。年齢は20代前半だろうか。

顔をじっと見られる。可愛くて綺麗だ。

「真樹君、こういう店、慣れてない？」

鈴木社長に見抜かれている。私は内心、拒否反応を起こしていた。短時間だがフィリピンパブにいて、裕福な日本人男性が貧しいフィリピン人女性に金で言うことを聞かせているような感じに思えてしまったからだ。

「若い人、全然来ないから嬉しい。カッコ良い」

ソフィアは片言で喋りながら、いきなり腕を組んできた。初対面の客に、馴れ馴れしい。こんなこと日本人の女性が働くキャバクラならまずありえないことだ。

「アイカとソフィアちゃん何か飲みなよ」

「ありがとー！　社長大好き。いつ今度デート行く？」

またアイカは鈴木社長に抱き付いた。鈴木社長もまんざらでもなさそうだ。

「社長は随分、アイカちゃんと仲が良いのですね」

私は素直に思ったことを口に出した。するとアイカに私は胸を叩かれた。初対面なのに、やたらとフレンドリーである。

「私いるの社長のおかげー。前、酷い男に大変な目に遭ってたんだよー。助けてくれたんだよー」

アイカは、鈴木社長に恩義があるらしい。私は、アイカが口に出した酷い男のことが気になった。

「もし差し支えなければ、その話を教えてくれない？」

私がそう言うと、アイカは驚いた顔をした。

「真樹君はこう見えても、本とかを書いてる凄い人なんだよ」

アイカは顔を硬直させた。明らかに私を警戒している。

「今、社長がいるんだから、また今度ね」

インタビューはやんわりと断られた。仕方がない。であれば、私の隣に座るソフィアと会話をするしかない。私は失礼ながらソフィアに年齢を尋ねた。ソフィアはピースサインをする。

「20歳？」

ソフィアが頷いた。

「ファッションの学校行ってる。でもお金ないね。夜はここで仕事。毎日、眠い」

話が本当なら、立派な学生である。こんな苦労話を聞かされたら、年寄り連中は金を出してしまうだろう。私はソフィアに日本語が達者なことを褒めると、意外な答えが返ってきた。

「日本生まれの日本育ち。親も日本に住んでる」

私の勝手なイメージとして、フィリピンパブで働くホステスというと、フィリピンの家族のために日本に出稼ぎに来ていると思っていた。どうやら、若い世代のフィリピンパブのホステスは変わってきているらしい。ソフィアなら若い世代のフィリピン人不良グループを知っているかもしれない。

「ソフィアちゃんの友達で、悪いことをしている人間とかっていないかな?」

「えっ、私の友達で悪い人なんていないよ。真樹が一番悪い。私を好きにさせた」

「いや、そういうんじゃなくて真面目に。一緒にビジネスをしたい」

「知らない。そういう話、嫌い」

ソフィアはあからさまに怪訝な態度をした。情報を聞き出すのは難しそうだ。

「真樹君、ソフィアちゃんとＬＩＮＥを交換しなよ」

鈴木社長が言った。ソフィアは可愛らしいピンク色のスマホを出す。私は携帯を取り出した。ソフィアは慣れた手付きで、私の携帯をいじる。いつもこういうことをしているのだろう。

「はい。できたよ。毎日、ラブコールお願い」

ＬＩＮＥを登録したソフィアは、はにかんだような笑顔でそう言った。

急にいつもニコニコしている鈴木社長が、真剣な表情になって私に話をする。

「今度、うちの介護施設でアイカに働いてもらおうと思うんだ。国からの補助金も削減されるし、経営は大変だ。給料は高く出せない。求人を出してもほとんど応募がないし、雇ってもすぐに辞めちゃう。うちも、もう外国人に頼るしかないよ。介護の分野なんかは特に人材が必要とされている」

日本社会は少子高齢化が急速に進んでいる。必然的に高齢者を介護する介護施設の需要は急激に増えている。しかし、多くの介護施設は経営難と人材不足に苦しんでいる。なぜかというと、介護の仕事は他業種と比べて平均給料は少なく、「３Ｋ」と呼ばれる「きつい」、「きたない」、「きけん」が当てはまる職業だとされているからだ。

「それで迷ったんだけど、思いついたのがフィリピンパブのフィリピーナ。いつもおじいさん方のおもてなしは慣れている。夜にフィリピンパブで働きながら、昼間は工場とかに勤めているダブルワークのフィリピーナも多いんだ。うちはこれからフィリピン人受け入れの準備を進めるんだ。勿論、介護はお客様ありきの対人サービスだからコミュニケーションが大切。会話ができないとどうにもならない」

皮肉なことである。言葉は悪いが、日本の高齢者の介護を日本人の若者がしないので、フィリピン人にさせるしかない状況なのだ。

「フィリピン人に日本人がやりたがらない仕事をやらせるのって差別的ですよね。これから日本はどんどんそうなるんでしょうけど」

つい私は思ったことを口にしてしまった。鈴木社長はその言葉を聞いて、見たことのない険しい表情になった。

「戦後、日本は高度経済成長をし、飛ぶ鳥を落とす勢いで発展した。そういう国は本当に稀だよ。例えば、僕は昔からフィリピンパブに通ってきたし、現地にも何度も行ってきたけど、お金持ちなのはごく一部で本当に貧しい人たちばかりだった。屋根が無いような家もあれば、電気も通っていなくて、トイレも水が流れなかったりする。学校に行けない子どもも多くて、ストリートチルドレンもいる。その日に食べるご飯もままならないんだ。真樹君、想像してみてよ。そんな暮らしをしていたら、日本に行きたいと考えるでしょ。だから、フィリピーナは出稼ぎに来ている。物価が違うから日本で稼いだ金を数万円ぐらいフィリピンの家族に送れば大喜び。１００万円ぐらい稼げば、あっちじゃ豪邸が建てられるよ。そうしたことを知ると、また違った視点で物事が見えてくると思うよ」

鈴木社長の反論に、私は安易な発言を自分がしたと思った。介護施設にフィリピン人労働者を受け入れるというのは、長年、フィリピンパブで働くフィリピン人女性と関わり、介護の現場の最前線にいる鈴木社長が悩み苦しんだ末の決断だったのだろう。

その後、私は鈴木社長と飲みながらアイカとソフィアとたわいのない話をした。一緒にカラオケを歌って踊ったりもした。アイカは太っているのでダンスはいまいちだが、ソフィアのダンスは切れが凄かった。

その後、アイカがねだるボトルを入れたりしながら3時間ほど過ごしていると、店内にはラストを知らせるフィリピンのミュージックが流れた。

ママが伝票を持ってきた。鈴木社長が受け取る。いくらかかるのだろうか。私は内心、冷や冷やしていた。

「2万円か。真樹君はいいよ。今日は僕が出すから。はい丁度」

私は会計の安さにビックリしていた。3時間もいて、あれだけ飲んで2人で2万円。1人2万円でも安いぐらいだ。

「また一緒に来ようね。僕らの世代はフィリピンパブが好きなんだよ。貧しいフィリピーナと結婚した人も周りには多いよ。僕はアイカと帰るから、ここでじゃあお別れだね」

鈴木社長とアイカは一緒に帰るらしい。どうやら客とホステスの関係ではなさそうだ。私は鈴木社長にお礼を言って帰路についた。

フィリピンパブの裏側

それから私はフィリピン人不良グループの情報を仕入れるため、鈴木社長と足しげくフィリピンパブXに通い、ママやフィリピン人ホステスに自分の存在をアピールした。また、私はXのオーナー（50代）とも親しくなった。頻繁に顔を出していたので、オーナーは私のことを覚えてくれた。何よりも常連客の鈴木社長の紹介なので、気を遣ってくれた。

「鈴木社長、いつもありがとうございます。真樹君もありがとうね」

オーナーは日本人で、角刈りの髪型、強面の顔付き、金チェーンのネックレス、ハイブランドのジャージを着こなしている。とても堅気には見えない容姿だ。

基本的にはママが中心で店を回してはいるが、週に2回程だがオーナーは仲間たちを連れて自分の店で飲んでいた。オーナーと一緒にいる仲間たちは暴力団構成員や関係者ではなく、農業、建築業、飲食業の従事者が多かった。Xは小さい箱だが地元民に愛されている人気店だ。

私はそのうち、プライベートでもオーナーやソフィアと遊ぶようになっていた。一緒に常連客が経営する居酒屋に行ったり、バーベキューをやったりした。私は鈴木社長が指名をしているアイカは勿論、他のホステスたちとも仲良くなり、毎月のように開かれるそれぞれのバースデーイベントにも顔を出した。

「ばあちゃんが病気。お金必要」

たぶん嘘だと思いつつも、私はソフィアに金銭的な援助をしたり、何度も店に通って貢献した。ソフィアからは金目当てだろうが恋愛関係を迫られたりもあった。が、私はうまく回避をして、ソフィアと友人関係を続けた。フィリピン人不良グループを取材するためだと割り切っていたからだ。そうして私はXから信頼される常連客になった。

ある日、オーナーは私のために時間を割いてくれ、フィリピンパブ業界の裏事情を教えてくれた。

「昔はフィリピン人ホステスは、ダンサーや歌手扱いのタレントとして在留期限が短いと6ヶ月、長いと3年とかの興行ビザで入国するのが大半だった。そこにフィリピンと日本のブローカーが入り込む。ブローカーはヤクザ関係がほとんど。よく、日本のヤクザがフィリピンに旅行に行ったり、逃亡先にするでしょ。あれは、現地のフィリピンマフィアと付き合いがあるからだ。

フィリピン人女性は日本に来るために、フィリピンのタレント養成所で一生懸命、歌や踊りのトレーニングをする。合格して選ばれたフィリピン人女性だけが日本に行くことができる。でも、晴れて日本で働くことが決定したフィリピン人女性もブローカーに大きな借金をしてくるんだ。日本で働いて稼いだ給料から借金は返済される。そして、日本のキャバクラとは段違いの低賃金で働かせている店ばかりだ。客を呼べなかったとか適当な理由を付けてピンハネして、最低限の給料しか出さない。休みもほとんど取らせない。店の定休日も、常連客の相手をさせる。住む場所もワンルームとかに数人で暮らしたり、ボロボロの一軒家に店中の女性を詰め込んだりとか。店のボーイに色恋（嘘をついて騙して恋人関係を装うこと）をさせて、フィリピン人ホステスを管理することもある。客の日本人の男とくっつかれて、逃げられたり店を辞められたらマイナスだからね」

オーナーは、来日して働くフィリピン人ホステスの過酷な生活実態を話してくれた。

「奴隷のような生活ですね」

その言葉しか思い浮かばなかった。

「うん。それでも、日本のフィリピンパブで働くフィリピン人女性は後を絶たなかった。真樹君は耳にしたことないだろうけど、昔はジャパゆきさんって言葉があったんだ。1980年代頃にアジア各国から日本に出稼ぎに来る女性の呼称だね。

はっきり言って、多くのフィリピンパブはフィリピン人ホステスを人間扱いしていない。僕はそういう世界が嫌で、ママと一緒に独立をして自分の店を作ったんだ。大変なこともあったけど、フィリピン人を同じ人間扱いしない日本人のことは僕には理解できない。うちも店自体の客単価が安いから、給料は少ないかもだけど、それでも周りの店と比べたら大分マシな環境だよ。僕は店のみんなをファミリーだと思ってる」

オーナーは強面のルックスをしているが、フィリピン人を思いやる優しい人間なのだと分かった。

「でもフィリピンパブの在り方も今後変わっていくと思う。真樹君もうちの店で飲んでて感じるだろうけど、年寄りばかりでしょ。若い客はまず来ない。今の年金が多く出ている世代が死んでいったら、終わりだね。それに1980年代、90年代にフィリピンパブが日本国内で増え過ぎて、2000年代になってからは世界からフィリピンパブは人身売買の温床だと批判されちゃって、フィリピン人女性は興行ビザでは日本にまず来られなくなった。だから、若いフィリピン人女性を雇うことは本当に難しい状況だね。

うちのホステスも、日本人の配偶者等の在留資格がある、昔からいる中年のフィリピン人女性ばかり。危ない橋を渡れば若いフィリピン人女性も呼べるけど、そういうリスクは負いたくはない。警察の取り締まりが強化されていく中で摘発される店も数多く出ている。

実際にフィリピンパブは、どんどん潰れていってるよ」

オーナー曰く、フィリピンパブの経営はかなり厳しくなっているようだ。フィリピンパブの苦しい実情はよく分かったが、私はオーナーの話の中で1つだけ気になったことがあった。それは、危ない橋を渡れば若いフィリピン人女性も呼べるという部分だった。

「差し支えなければなのですが、危ない橋を渡れば若いフィリピン人女性も呼べるというのは、どういうことでしょうか？　可能な限りで良いので教えていただけませんか？」

オーナーは腕を組んで考え込んだ表情をした。だが、すぐにオーナーは笑顔を浮かべた。

「しょうがないなあ。答えるけど、またうちの店に遊び来てよね。大きく分けると若いフィリピン人女性を日本のフィリピンパブで働かせるためには3つの方法がある。

1つ目は偽装結婚。これは昔からある手法だけど、日本人と結婚すれば日本人の配偶者等の在留資格が持てる。ただ、今の日本だと偽装結婚は金がかかるし、リスクが大きいんだ。日本は年々、訪日をする外国人が増加をしている。日本に長く住み続けたい外国人が増える中で、警察の取り締まりは厳しくなっていく。必然的に偽装結婚させる日本人男性への報酬や口止め料は高くなる。ちょっと前なら適当にできたのに、今は実際の夫婦のようにデートをしている写真や、フィリピンの現地の家族と会っている写真とか、偽りの結婚式の写真なども用意しなければならない。よっぽど上玉のフィリピン人女性を呼ぶんじゃないと、コストパフォーマンスが悪いね。

　2つ目は現在の主流だけれども、フィリピン人の留学生や技能実習生をフィリピンパブで働かせることだね。勿論、留学生や技能実習生をホステスとして働かせるのは違法でバレれば入管（入国管理局）にやられるんだけど、給料とかも裏帳簿で付けるから証拠は掴み辛い。内緒で小遣い稼ぎしたい留学生や技能実習生を雇うのは僅かな金で済むし、逮捕される可能性も少ない。この手法は、フィリピンパブだけではなく、外国人クラブ全体で多いんじゃないかな。

　3つ目は金もかからないし、逮捕される危険性もない。損得だけで考えれば最高の手段なんだけど、人間としてはどうかと思う。それは子どもを産むことだ」

　フィリピン人女性が日本で子どもを産むことの意味。オーナーの表情が急激に暗くなった。

「子どもを産む？」

「短期滞在の観光ビザとかで来て、日本で暮らすために誰でもいいから日本人と中出しセックスをして子どもを産むんだ」

「えっ、好きな相手との子どもじゃないんですか？」

「子どもが生まれれば、それで大丈夫だ。日本で子どもを育てる理由で在留資格がもらえる」

「驚きました。そこまでやるんですね」

「日本で長く暮らして金を稼ぐため。フィリピンの家族の暮らしのためだ。荒療治だけど、最近でもこの手法を使って滞在をしたフィリピン人ホステスがいたよ。うちの店のホステスじゃないから誤解しないでね」

在留資格を得るために子どもを作る。生命倫理的にも大問題である。平凡な暮らしをする日本人からは想像もできないことだ。もしかしたら、オーナーならフィリピン人不良グループの情報を知っているのではないか。

「今、フィリピン人不良グループのことを取材しているのですが、オーナーの知り合いでいませんか？　情報がなくて困っているんです」

私がフィリピン人不良グループについて質問をすると、オーナーは大笑いをした。私の顔をじっと見つめる。

「フィリピン人不良グループのこと？　揉めたことはあるよ。アイカは前に都内のフィリピンパブで働いていたんだ。アイカはタダみたいな給料で働きながら、薬物売買を手伝わされて、挙句に金を取られたり殴られたりしていた。そこから逃げてきた時に、鈴木社長と一緒にかくまったんだよ。追ってきたフィリピン人の不良グループが面倒臭かったね。

ヤクザとも繋がっていた。でも、詳しくは言えないけど、僕には昔からの知り合いで、かなり偉いというか強いヤクザの人間がいるんだ」

オーナーはやはりただの一般人ではなかった。聞く限りでは暴力団関係者といっても差し支えないだろう。

「そうだったんですね。ヤクザとグルになっていたフィリピン人不良グループはどんな人たちなのか、そしてどういうビジネスをしていたか分かりますか？　フィリピンパブと違法薬物の売買をしていたのはさっきの話で把握できましたが」

私はオーナーに尋ねる。

「僕は揉めただけだからシノギについてはよく分からないな。ただ、フィリピン人不良グループがヤクザの単なる言いなりではないのは確かだったね。実際にヤクザ同士の話し合いになった時に、ヤクザとの揉め事は穏便に収まったけど、あいつらとの喧嘩は終わらなかった。ヤクザとは一緒に仕事をしていたりはするが、対等な関係で協力関係を築いていると思う。結局強引に終わらせたけどね」

オーナー曰く、フィリピン人不良グループは暴力団と協力関係を築いてはいるが、明確に別組織として独自の論理で動いているようだ。

「アイカ曰く、フィリピン人不良グループのボスが、20代、30代の若いフィリピン人の男女に仕事を斡旋していたらしい。日本で生まれたフィリピン人の子ども、留学生、観光ビザで来て、オーバーステイとかの連中だって。フィリピンパブの客相手の、管理売春もしていたみたいだよ。偽物の在留カードとかも売っていたらしい。あとは結婚する日本人を探す仕事。フィリピン人は、日本人と結婚すれば日本で暮らせる。ある程度の期間、結婚していれば、離婚しても日本にいられるんだ」

オーナーは都内のフィリピン人不良グループについて貴重な話をしてくれた。話を聞く限りでは、アイカの関わったフィリピン人不良グループのメンバーの大半は20代から30代。若い年齢層で構成されている。資金源は非合法な金儲けの手段で、違法薬物、管理売春、偽造在留カード、偽装結婚である。フィリピンパブが事務所的な機能をしているようだ。

「でも、アイカはまだ恐がってる。フィリピン人のネットワークは繋がっているからだ。フィリピンにいる家族も狙われないか心配している」

「すいません、こんな取材をお願いして」

私はオーナーに頭を下げた。

「期待に沿えないかもしれないけど、日本にいるフィリピン人で悪さをしている連中は、きちんとした組織ではないね。家族関係とか友達関係みたいな感じの集団。うちの店にもよく来ているよ。その程度さ。今度、もし僕が店にいる時だったら、地元のフィリピン人不良グループを紹介してあげるよ」

私はオーナーにお礼を言った。ここまで来るのに、膨大な時間と金がかかった。オーナーの仲介により、ようやくフィリピン人不良グループと会えることになった。

不良グループメンバーの過去

数週間後の水曜日の21時頃、私は鈴木社長と共にXを訪れた。店内を見渡すと、まだ、フィリピン人不良グループは来ていないようだ。店にいる客は、近所の居酒屋のマスター、年金受給者の元社長など、常連の老人連中だ。オーナーは地元の農家の友人たちと飲んでいた。

私と鈴木社長にオーナーは気付いたようだ。オーナーが近付いてきて、鈴木社長に挨拶をする。そして、私に耳打ちをした。

「ソフィアから連絡来て、今日、これから彼ら店に来るって。真樹君、紹介するから」

オーナーと握手をする。ありがたいことだ。オーナーの紹介で会えば、それほど警戒されないだろう。話を聞かせてもらえる可能性が高い。

実のところ、オーナーに紹介すると言われたフィリピン人不良グループについて、私はおそらくはあの連中だろうと予想はできていた。

私はXに毎晩のように顔を出していて、ソフィアが頻繁に店に連れてくるフィリピン人の3人組が気になっていた。なぜならば、店に来る客の中でずば抜けて若く、異様にガラの悪い連中だからだ。年齢は皆、20代後半~30代前半に思える。1人は相撲の力士のような体格をした男、もう1人はボディービルダーのような男、さらにもう1人は紫色の髪をしたボーイッシュな女性だ。

毎度、派手にワインボトルを開けて、カラオケが占有されたようになり、若者の歌が騒がしく響き渡る。皆で派手にダンスをしてボディービルダーのような男は上半身裸になったりもする。これには年配の常連客も内心は嫌がっているようだった。オーナーがいる時は馬鹿騒ぎをしっかりと止めていたが、明らかにXの店内で浮いている集団だった。ソフィアにどんな人間たちなのかを聞いても、適当な返事をされて誤魔化されていた。

「学校の友達だよ。みんな悪いことはしていないよ」

いくら値段が安いフィリピンパブとはいえ、普通の学生が連日、派手に飲めるはずがない。どこからその金が出てくるのだという話だ。私はソフィアに嘘をつかれている手前、フィリピン人不良グループに話しかけることもできなかった。その悩みも今夜で終わる。

「いらっしゃーい。社長、真樹、こっちこっち」

ママに、オーナーの隣の席に案内をされた。ママにウインクをされる。どうやらママにはオーナーから話が伝わっているようだ。

アイカとソフィアが好きなワインを頼む。今日も金はかかるが、取材なので我慢だ。日に日にふくよかになっているアイカが席について、鈴木社長は鼻を伸ばしご満悦となった。私は適当にワインを飲んでいた。

その時、ソフィアとフィリピン人不良グループの3人が現れた。相変わらず、怪しい風体の連中だ。彼らは私と鈴木社長とは大分、離れた席に座った。

オーナーが3人のいる席に行く。私の方を見ながら何やら喋っている。オーナーが私のことを3人に話してくれているのだろう。面倒臭そうな表情をした3人は立ち上がり、私の方に近付いてきた。

「紹介するね。ライターの真樹君。まず彼がマイケル、それと彼がジョン、彼女がグレイス」

相撲の力士のような体格をした男がマイケル、ボディービルダーのような男はジョン、髪が紫色のボーイッシュな女性はグレイスという名前らしい。オーナーに紹介され、私は会釈をした。

だが、3人は返事もしない。ニヤニヤしながら、私を観察するような目で見ている。明らかに挑発する態度だ。頭にきたが、取材のためだ。私は堪えた。ソフィアは申し訳なさそうな表情をしている。

「あとは、真樹君。自分で何とかして」

オーナーがそう言うと、マイケルがいきなり私の首に手を回して肩を組んできた。凄い力だ。

「一緒に飲もう」

私はマイケルに引きずり込まれるように、強引に彼らの席へ連れていかれる。

「社長、ちょっと行ってきます」

フィリピン人不良グループの3人組の席に座らされた。4人掛けのソファー席で、私はマイケルの隣に座り、向かいにジョンとグレイスが腰かけた。ソフィアは小さい丸椅子を持ってきて、お誕生日席のような感じで4人の間に座った。

「△$#□○&%×□×」

マイケルが私には分からない言葉で話した。ジョンとグレイスとソフィアが笑った。なぜ笑ったのかは分からないが、雰囲気から馬鹿にされていると感じた。

マイケルが私にワインボトルを渡す。私のグラスはなさそうだ。このまま飲めということだろう。私は覚悟を決め、立ち上がってワインボトルを一気飲みした。ソフィアが止めようとする。ジョンとグレイスがソフィアを抑えブロックした。ソフィアを突き飛ばしたマイケルが吐き捨てるように言った。

「ソフィア、お前も言ってただろ。若い日本人で、フィリピン人を馬鹿にしてるって」

私は動揺を隠しながらワインを飲み続けた。ソフィアから文句を言われたことも一度もないし、普通に遊んでいたつもりだった。しかし、ソフィアは私と一緒にいるときに不愉快な想いをしていたのだ。

日本社会で生きる日本人として何不自由なく育って生きてきた私は、無自覚にフィリピン人のソフィアのことを可哀相な存在と見下していたのかもしれない。頻繁に通いながら恋愛関係も求めずに取材のために金銭を渡していたことが、ソフィアのプライドを傷つけてしまったのか。

「歌えよ」

ワインボトルを奪い取ったマイケルがマイクを渡してくる。カラオケに、私の知らないフィリピンの歌が入れられた。字幕もタガログ語でさっぱり分からない。マイケルとジョンに身体を押されて、店のステージに連れて行かれた。私はなぜか服を脱がされている。必死に抵抗するも、マイケルとジョンは巧みに私の衣服を剥ぎ取る。

酔いで頭が朦朧とする。グレイスはスマートフォンで勝手に撮影している。オーナーは大笑いしているだけで助けてくれない。彼らとの距離を縮めるためにはやるしかない。私はライトアップされたステージで、下着一枚でダンスをした。

2020年1月、昨年のフィリピンパブXでの初対面の挨拶では、ワインボトルの一気飲みを強要され洋服を剥ぎ取られるなど散々な目に遭った私だったが、フィリピン人不良グループの3人組と仲良くなり、信頼関係を持つようになっていた。そうして私がフィリピン人不良グループと関わるうちに知り得た事実は、マイケル、ジョン、グレイスが明らかな違法行為に手を染めていることだった。

マイケルは、日本で暮らして20年近くが経つ。マイケルは主に偽装結婚の斡旋をする仕事をおこなっていた。それは彼の生い立ちにも深く関係していた。

フィリピンの田舎の大家族の家で育ったマイケルは、とても貧しい暮らしを送り、父親を早くに亡くした。生活苦に喘ぐフィリピンの家族を養うため、マイケルは母親と妹と共に16歳で日本へやってきたという。

「俺の母親は日本のブローカーを通じて、フィリピンパブで働いて日本人のジジイと偽装結婚をした。家族のため、金のためだ。日本に来て、好きでもない日本人のジジイと一緒の家で暮らした。ジジイと母親がセックスしているのを見てきたし、まだ子どもの妹までセックスをされた。最低だよ。地獄だった。ジジイを殴ったら、日本に居れなくするぞって言われた。警察にも誰にも頼れない。強くなるしかなかった。

母親は何年か経ってブローカーとの契約が終わって離婚した。俺みたいな嫌な想い、他のフィリピン人にさせたくない。だから、俺はブローカーになった。今は昔と違って、タレントとしてフィリピン人の女が来るのは難しい。観光ビザで来て、偽装結婚するのがメインだ。それか、日本人の男との子どもを産めば、結婚しなくても日本で暮らすことができる。その方が、愛のない相手と生活するよりずっと良い」

相撲の力士のような体格をしているマイケルが瞳に涙を浮かべて語った時、日本社会で生きるフィリピン人の過酷な状況を私は突き付けられた。

また、ジョンは違法薬物の売買を食い扶持にしていた。都内のフィリピン人のネットワークを駆使し、覚醒罪、大麻、ＭＤＭＡなどを仕入れて、フィリピン人相手に捌いているという。明らかな違法行為をするリスクを、ジョンは分かっているのだろうか。

「警察は大丈夫。仕入れるのも売るのもフィリピン人。信頼できるフィリピン人だけ。フィリピン人のネットワーク凄い。裏切れば、日本で暮らせなくなるし、フィリピンにいる家族も殺される。だから安心できる。ヤクザには金を払ってる。そんなに多くの量じゃないし平気。うまくやってる」

違法薬物売買をするジョンのことを、多くの日本人が不愉快に感じて日本から出ていって欲しいと思うはずだ。しかし、ジョンと長く接していると、そう単純に彼の存在を否定できない部分も見えてきた。なぜかというと、ジョンの人生もマイケルと同じく不幸なものであったからだ。

「18歳の時に母親と日本に来た。フィリピンには父親もいるけど、病気で頭がおかしくなった。金がなくて困った母親は、フィリピンのブローカーを頼ってヤクザの日本人と結婚した。よく分からないヤクザの日本人のことを、母親は俺にオジさんって言わないで、お父さんって言えって。困ったのを覚えてる。子どもながらにお金の関係って、ちゃんと分かってた。

新しいお父さんは、美味しいご飯食べさせてくれて、好きな行きたい場所に連れていってくれた。けど、日本語分からないから家の外には居場所がなかった。18歳だと学生でもない。仕事をしなきゃで、頑張って面接をしても、どこも受からなかった。やっと働けたのが新聞配達の仕事。でも、やり方を覚えられなかったり、フィリピン人だから馬鹿にされたりで無理だった。悪い仕事するしかなかった。

ドラッグ売るのはお父さん（ヤクザの義父）に教わった。最近、お父さんは病気で寝たきり。そろそろ死んじゃうと思う。今は俺も日本語できる。昼間は友達がやってるタピオカの店で働いている。セカンドワーク（副業）でドラッグ売ってる。自分のバーを開くため、金を貯めてる。バーを始めたらドラッグの仕事はやめる」

日本社会で真っ当に働くことができずに、非合法の仕事に手を出したジョン。彼は他に金を稼ぐ手段を持ちえなかった。

一方で女性のグレイスも、ジョンと一緒にフィリピン人の多く集まるクラブなどで違法薬物を捌いていた。それ以外にも、若いフィリピン人の留学生をフィリピンパブに斡旋していた。グレイスも複雑な過去を抱えていた。

「私は日本生まれの日本育ち。パパは日本人、ママはフィリピン人。昼間は服屋で働きながら、ダンサー目指してる。フィリピン人の女はホステスやれば楽なのは分かってる。でも、日本人の爺さんにケツ触られたり、酒注いだり。私はやらない。日本人の男はいつもフィリピン人の女を下に見る。母ちゃんもそうだった。

私はフィリピン人が半分だから、小さい頃からいじめられて馬鹿にされてきた。本当にそういうの嫌だ。お金あれば、日本人の言うこと聞かなくていい。芸能人、フィリピンの人も多い。ダンサーで成功して、みんなを見返したい」

グレイスはフィリピン人のルーツを持つ女性であるために、日本社会で耐え難い屈辱を受けてきた。グレイスが非合法なビジネスに走った理由は、母親も自らも味わわされたフィリピン人に対する差別への抵抗からだった。

「ソフィアも私が店に紹介したんだよ。真樹は知らないかもだけど、彼女は留学生」

笑いながら話すグレイス。ソフィアは日本生まれの日本育ちのフィリピン人ではなく、留学生として来日し生活をするフィリピン人だったのだ。留学生が風俗営業に分類をされるフィリピンパブで働くことは禁じられている。発覚すれば違法なので不法就労で逮捕されてしまう。しかし、ソフィアはそのような立場であるにもかかわらず、ＳＮＳでフィリピンパブで働いている姿を発信していた。私はソフィアに真意を聞いた。

「真樹、ごめんね。私のフィリピンの家族、とっても貧乏。フィリピンの家族にお金送るの足りなくて、ホステスしてるよ。店から絶対に内緒って言われてた。私何かあったら、入管にやられる。警察に逮捕される。オーナーから誰にも言うなって。お願いだから秘密ね」

法律を破っていい理由にはならないが、ソフィアにも事情はあるらしい。

「グレイスは友達。警察が来ても、ホステスじゃなくて、客として遊びに来ている振りをすれば大丈夫って。逮捕できないみたい」

さらに、私が調べていくとソフィアは不法就労以外の犯罪行為をしていた。ソフィアは外来生物の密輸ビジネスをおこなっていたのだ。それが分かったのは、ソフィアが私に送ってきた、音楽に合わせてポーズを取る動画がきっかけだった。

「最近、このフィリピン人女性を取材しているんですよ」

私はソフィアの動画を何気なく先輩に見せた。その先輩は、新宿歌舞伎町の裏社会ではそれなりに知られた人物である。すると、先輩からは想定外の返事をされた。

「この女の後ろにある水槽の中身、凄い額だよ。アロワナとかガーとか。100万ぐらいはいくんじゃないかな。この謎の女、何者なんだよ」

私は先輩に言われ、アロワナやガーについて調べた。アロワナは南米のアマゾン川や東南アジアの淡水域に生息する観賞魚だ。高額なことで知られており、成魚だと数十万円で販売される。種類や色によって価値が大きく変動し、数百万円代のアロワナもコレクターの間では売買されている。

また、ガーは細長い口先が特徴的な大型の熱帯魚だ。アメリカやメキシコでの水域を中心に生息し、日本にも鑑賞目的で飼育されていた個体が捨てられたことによって各地の河川で目撃されている。値段はアロワナと同じく、種類や色によって変動し、高い物だと数万円～数十万円で取り引きされる。

私はソフィアに問い質した。高級魚を売って儲けていれば、私の金銭的な援助も必要ないだろう。

「いつもごめん。あれは一緒に住んでいる友達とやってるね。アロワナ、ガー、密輸してる。養殖も。いつまでもホステスできないね。年取ったら大変。私は洋服の専門学校行ってる。卒業して工場。給料安い。ずっと同じ作業。そんなの嫌だよ。

私は貯金してブティック開きたい。自分の店を持つのが夢。そのため、真樹にも協力して欲しい。最近はアロワナ、ガーは警察が厳しいね。もう密輸やめるつもり。今やってるのメダカ。犯罪じゃない。育てて高く売れる」

ソフィアは言い訳をした。傍目から見れば、Xはごく普通のフィリピンパブであるが、当たり前に犯罪行為をしているフィリピン人不良グループが出入りをし、ホステスのソフィアまでもが違法に働き、外来生物の密輸ビジネスまでおこなっていたのだ。

一体、フィリピン人不良グループのメンバーは何人ぐらいいるのか。私はソフィアに聞いた。

「メンバーは30人ぐらい。私は若い方。日本のヤクザとも仲良い。ヤクザの有名なボス、会ったことある。よく都内に行って、ドラッグの取引をしているよ。

フィリピン人のグループ、都内にもある。住んでいる場所でそれぞれ。私たち行くの、六本木、渋谷、亀戸、竹の塚とかかな。フィリピン人が多い場所。でも、日本のヤクザが強くて駄目な場所は諦める。錦糸町は危ない。ヤクザと喧嘩になったり、たまに他の外国人のグループとトラブルになったこともある。危険な場所は行かないよ。これ以上は言えない。真樹は日本人だから」

この話もどこまでが本当なのかは分からない。しかし、ソフィアが最後に話した「日本人だからこれ以上は言えない」という言葉は、私には越えることができない壁があることを強く感じさせた。

「真樹のこと好き。家族みたいに思ってる。魚のこと話したの初めて」

ソフィアは私の手を握ると、小指を絡ませてきた。体温が伝わってくる。

「パガコ。これ、フィリピン人の間で約束の意味。これからも仲良しでいてね」

日本人とフィリピン人の壁

2020年4月、新型コロナウイルス感染拡大で、日本社会はとてつもない混乱となった。政府は緊急事態宣言を発出し、不要不急の外出自粛と感染拡大が懸念される施設への休業要請をおこなった。

それによってホステスと濃厚接触をする危険性のあるキャバクラ、スナックなどは閑古鳥が鳴く状況となり、多大な打撃を受けた。その最たる影響に襲われたのが、フィリピンパブだった。

理由は、新型コロナウイルスに感染した愛知県在住の中年男性が、病院の検査で陽性と確認されたのにもかかわらず、自宅待機をせずにフィリピンパブで遊んでいたことがメディアによって報じられたからだ。

中年男性は新型コロナウイルスをばら撒く意図で、フィリピンパブを訪れてカラオケに興じ、ホステスと密着をするなどの暴挙をおこない、直接の接客はしていなかったが働いているフィリピン人女性が感染。その後、被害に遭ったフィリピンパブは店内の消毒作業と休業に追い込まれ被害届を提出する事件となった。

この件によってフィリピンパブのイメージが全国的に悪くなったことは言うまでもない。フィリピンパブは被害を受けた側であるのにもかかわらずだ。結果、新型コロナウイルスの感染拡大の最中で営業を続ける夜の店への批判が相次いで、多くのフィリピンパブが休業する事態となった。

しかし、ただでさえ金に四苦八苦しているフィリピンパブのホステスが生活の保障もされないまま、素直に日本政府の要請に従えるはずはない。フィリピンパブのXもその内の1つだった。普段は温厚なXのオーナーもこの時ばかりは激しく苛立っていた。

「本当に売り上げが激減した。フィリピンパブのメインの客層の高齢者は感染したら大変だし、立場ある人たちは万が一でも感染したら不謹慎な行動だと叩かれちゃう。常連からも、しばらくは行けないよって謝られた。自粛しない人間はけしからんという空気が蔓延した。

でも、僕はたくさんのフィリピン人の女性たちの暮らしを背負っている。ホステスとして働く彼女たちだけでなく、フィリピンにいる家族の生活もだ。収入減や休業要請に従えば出る給付金も微々たる金額だ。ろくな補償もないのに、休業できるわけがない」

オーナーは険しい表情で追い詰められた心境を語った。そうして、オーナーが悩み抜き導き出した結論は、闇営業という違法な手段であった。今まで通りにフィリピンパブの売り上げを獲得しつつも、給付金を勝ち取るために看板を消して偽装休業を装いながら闇営業をする。

店を閉じている体裁で、常連だけを呼ぶ会員制クラブのようにした。クレジットカードは証拠が残るので絶対に使わせず現金一択の会計のみだ。

「営業するのも一苦労だよ。メールやLINEなどで通信をすると、証拠が残る。詐欺でやられた場合のリスクは本当に大きいから細心の注意を払っている。秘匿性の高いテレグラムやシグナルを使いたいけど、うちの店の常連さんはほとんどが年配の方々。携帯もガラケーばかりで、LINEでさえ使えない人たちが多い。今までメールが大半だった常連さんへの営業を電話のみにしたね。常連さんには絶対にうちの店がやっているのを誰かに言ったり、分かるようなメールはしないでねって頼んでる。常連さんに無茶なお願いをしているのも分かっているけど、みんなが食っていくために仕方ない。

あと、マスクとアルコール消毒液の売買も始めた。勿論、闇で。マスクとアルコール消毒液の不足が問題になっているけれど、僕らは人脈を駆使して大量にマスクとアルコール消毒液を仕入れられる。フィリピン人のネットワークで買い占めるんだ。いろいろなことをして金稼いで頑張るしかない」

しかし、オーナーの力強い決意と覚悟とは裏腹に、私にはあるフィリピン人ホステスからの苦情が鳴りやまないでいた。フィリピン人不良グループの一員、ソフィアからである。

「真樹、店来てよ。お客さん、みんな来ない。オーナー、ケチだから。私、店出れないよ」

連日のように私の携帯に電話をかけてくるソフィア。今までこのような強引極まりない営業行為はなかった。オーナーの悪口を言うのも意外だった。Xの経営状態が厳しくなっていることを予想させた。

闇営業中なので客が来なければ、ソフィアも出勤させてもらえないようだ。電話を無視すれば、ソフィアはひっきりなしにＬＩＮＥやメールで連絡をしてきた。証拠の残ってしまいかねない文面でだ。ソフィアは漢字ができないらしく、平仮名だけの特徴ある文章を

LINEやメールで送ってくる。1日に何回もだ。

「みせいきたい。べつのおんな、できた？」

「おきゃくさん、よばないと、おーなー、におこられるよ。たすけてよ」

「みせきてよ。あいたいよ。さびしいよ」

「おーなー、きらい。そうだんきいて」

オーナーは客を呼べないホステスは店に出さず、人件費を減らしているのだ。私はXのオーナーと古くからの知り合いである鈴木社長に状況を聞いた。

「Xは大変みたいだよ。アイカから毎日、連絡くる。けど、さすがに高齢者相手の介護施設の社長だから、フィリピン人雇うのも、当分は無理かな。コロナになったら責任問題になるからね。介護施設でフィリピン人雇うのも、今は遊び行けないよ。コロナになったら責任問題になるからね。でも、ソフィアちゃんは大丈夫だよ。アイカから聞いたけど、良い常連さんが毎日通ってくれてるみたいだよ」

ソフィアはXに出勤できているのにもかかわらず、嘘をついて私を店に来させようとしていたのだ。ソフィアは何から何まで嘘にまみれている。

後日、私はXに行った際、ソフィアじゃない違うフィリピン人ホステスを指名した。嘘をつかれたことに怒っているわけではない。取材者として、もうソフィアには利用価値がなかったからだ。

すると、ソフィアは今までに見たことのない怒りに満ちた表情をし、テーブルに置かれたワイン瓶を握り締めて殴ろうとしてきた。私はワイン瓶を持ったソフィアの腕をがっちりと押さえてブロックした。

「フィリピン人のこと、分かってない、日本人、大嫌い」

ソフィアはそう言って、私のことを否定した。

2021年1月、私は久しぶりに暴力団構成員のFに電話をした。昨年3月に料亭で会ったジャンとハオがどうなったかを知りたかったからだ。

「あいつらか。俺の金を持って逃げやがったんだ。探してブチ殺したいところだけど、そんなことしても金にならないしな。フィリピンに飛んじゃってるかもしれないし、どうにもならないよ。本当ふざけてんな」

Fはまんまとジャンとハオに一杯食わされたらしい。フィリピン人不良グループは、暴力団のトラブルをも利用して食い物にしたのだ。私の頭には、Fのことを嘲笑う2人の顔が思い浮かんだ。

同月、新型コロナウイルス感染拡大により2度目となる緊急事態宣言が発出。再び休業、時短営業を余儀なくされた飲食店は壊滅的な打撃を受け、フィリピンパブXも営業を中断せざるを得ない状況となった。

一体、北関東のフィリピン人不良グループはどうしているのか。私はしばらく足が遠のいていたXのオーナーと会って近況を尋ねた。

「もう無理だね。うちのホステスたちの給料も払えないし、生活も保障できない。常連の社長連中に頼み込んで、昼間の仕事をさせてもらっているよ。マイケル、ジョン、グレイスは相変わらず悪さをしているね。驚くと思うけどソフィアは彼らと離れて、今は工場で働いている。社長の愛人なんだけどね。いろいろな男を騙してたみたいで、僕にその苦情がたくさんきているよ。まあ、ソフィアを雇ってたのは僕だから仕方ないんだけどね」

後日、私はソフィアの常連客であった田中さん（仮名・40代）から話を聞くことができた。田中さんとはXで何度か顔を合わせていた。

独身で結婚歴もない肉体労働者の田中さん。上司に誘われて付き合いで飲みにきている感じで、指名するホステスは特にいなかった。だが、新型コロナウイルス感染拡大の影響の最中でXが闇営業を開始し、田中さんは真面目な性格からかソフィアのために、連日Xに通うようになった。フィリピンパブがいくらリーズナブルといっても通い詰めていれば経済的にパンクしてしまう。

「毎日、1万円ちょっとかかるじゃないですか。同伴とかアフターしたらもっと。自分の収入は月に25万円ぐらいです。あっという間に貯金が無くなりました。さすがにやばいなって思いましたね。金が無くなって、もう店に行くのは無理だって話をしたら、泣かれたんです。馬鹿だと思うでしょうが、何とかしてあげたい気持ちになりました。それからはクレジットカードでキャッシングをしたり、親に金をせびってどうにかして通いました。いわゆる借金ですね。

ソフィアは自分のことを彼氏と言ってくれました。でも、たまたま出かけている時にソフィアが男とデートしているのを偶然見ちゃったんです。ソフィアに後でそのことを言いました。そうしたら、だから日本人は信じられないって。お金で縛り付けようとするって。その時に、自分が潰れてまでソフィアを支えられないなって思いましたね」

フィリピン人不良グループのメンバーであるソフィアの心には、決して日本人が入り込むことができない境界線が存在する。その境界線は、私を含めた多くの日本人が越えられないものだ。私はソフィアと小指を絡ませて仲良く居続ける約束をした時のことを思い出し、空虚な気持ちになった。

第5章 ブラジルマフィア

暴力団が混在する街で蠢くもの

暴力団事務所への突撃

２０１９年7月末、数人の警察官が暴力団事務所前で警備にあたっていた。北関東の群馬県太田市新井町に本部を置く六代目山口組系の二代目栗山組事務所前は騒然としていた。20人近くの半グレ集団が押しかけ、栗山組事務所に怒声を浴びせる。10代か20代程の若者たちだ。ついに栗山組事務所に入ろうとする半グレ集団たち。警察が慌てて静止をする。

「出て来いよおらあ！」

激しい怒号が飛び交う。パトカーのサイレン音が鳴る。

「おい行くぞ！　おい行くぞ！」

半グレ集団のリーダーらしき男が叫ぶ。そうして、半グレ集団たちは車に乗り込み、栗山組への挑発を終えた。

後日、この動画がＳＮＳに公開され、瞬く間にインターネット上に広まった。メディアにも取り上げられ、栗山組に押しかけた半グレ集団、群馬県を拠点にする〝ブラット〟は、暴力団関係者の間でも大きな話題となった。

太田市の栗山組の栗山兄弟といえば、群馬県内の不良の間ではまず知らない人間はいない。2015年に山口組が分裂し、離脱した複数の団体が新組織神戸山口組を結成し対立抗争状態となった。2017年には神戸山口組が分裂し、離脱した組員たちが任侠団体山口組（後に任侠山口組～絆會に改称）を結成。歴史ある日本最大の暴力団山口組は3団体に分裂する事態になった。

この分裂劇の最中、山口組の中で重要な立ち位置である栗山組も揺れ動いた。2018年8月に六代目山口組の章友会から、栗山組初代組長だった兄が、神戸山口組五代目山健組の誠竜会に移籍し、章友会からは絶縁。

2019年1月には六代目山口組の中核組織である三代目弘道会の野内組に移籍を図り、誠竜会から絶縁処分をされる。同年2月、野内組との縁組を反故にされるも、初代組長の弟が栗山組を継承することになり、正式に栗山組は野内組傘下の組織となった。

野内組といえば、六代目山口組の中でも武闘派組織として名前が挙げられる。高齢化が進む暴力団組織において、若手組員が多いことでも知られている。栗山組が野内組傘下の組織になったことにより、六代目山口組の北関東への勢力拡大が予想された。

そうした状況から、半グレ集団による栗山組への突撃は、抗争の延長戦上でおこなわれたのだろうか。インターネット上や裏社会関係者の中で様々な情報が飛び交った。

「栗山組の対立組織が半グレを使って攻撃をした」

「以前、群馬県太田市の祭りで揉めていた」
さらには同年10月4日には栗山組事務所に火炎瓶が投擲される事件が発生する。栗山組への攻撃は続き、ついには栗山組組員が射殺される事件までもが起こってしまう。

暴力団事務所、塀に火炎瓶か　群馬
4日午前4時ごろ、太田市新井町の指定暴力団六代目山口組傘下組織事務所のコンクリート製の塀に火炎瓶のようなものが投げつけられた。事務所内で関係者1人が寝ていたが、けが人はいなかった。太田署がトラブルの有無などを調べている。
同署によると、新聞受けの中の新聞紙が焼けているのを別の関係者が見つけ、110番通報。壁の一部が黒ずみ、下には割れてこげたガラス瓶のようなものがあり、布のようなものが押し込まれていたという。
（2019・10・5「産経新聞」地方群馬）

群馬・桐生で発砲か、男性死亡　駐車場内、殺人容疑で捜査
24日午後7時ごろ、群馬県桐生市天神町の住宅街で「拳銃の発砲音のような音がした。男性が倒れている」と付近の住民から110番があった。警察官が駆け付けると、アパートの駐車場で男性が血を流して倒れており、搬送先の病院で死亡が確認された。

県警は男性が何者かに撃たれた可能性があるとみて、殺人容疑で捜査を開始。亡くなった男性はアパートの住人とみられ、県警が身元の確認を急いでいる。

県警によると、現場で複数人がもめているとの目撃情報もあった。発砲したような音は2、3回聞こえたという。現場はJR桐生駅から北東に約2・5キロの住宅街。

（2020・1・25「共同通信」）

また、2020年12月5日、神奈川県横浜市内の病院駐車場で、血だらけの住吉会系組員の遺体が発見される事件が起きた。翌日12月6日、今度は群馬県太田市の病院正面出入口に、全身を殴打された痕のある稲川会系組員の遺体が遺棄される事件が起きる。

さらには、2021年3月4日未明、群馬県伊勢崎市の路上で大勢の男らが乱闘する事件が発生。六代目山口組系組長らが拳銃で撃たれるなどしていずれも重傷を負った。事件現場には、六代目山口組、住吉会、稲川会の3組織がいたとされる。群馬県警は地域住民の心配する声を重く受け止め、捜査本部を設置する事態となった。

事件後、すぐに稲川会総本部は、親戚友好関係にある六代目山口組とのトラブルを禁止する通達を出した。一方、住吉会と稲川会の和解交渉は困難を極めたが、住吉会は幹部を破門処分とする判断をして稲川会と手打ちとなったようだ。

抗争事件が多発する群馬県。暴力団組織と半グレ集団が世間を賑わせ緊張が高まっている中、群馬県にはもう1つの勢力が存在することが知られている。群馬県の裏社会に生きる住人たちの間では、昔から外国人マフィア勢力の台頭が問題視されていたからだ。

ある群馬県警関係者はこのように話す。

「私の情報だと、今回起こった抗争の1つの原因は、栗山組のシマ（縄張り）内が荒らされたので揉めたらしいですよ。抗争の背後に、外国人マフィアの存在が見え隠れしています」

ブラジル人差別

日本国内でブラジル旅行気分が味わえる町が存在する。群馬県太田市に隣接をする群馬県邑楽郡《おうらぐん》大泉町のブラジルタウンだ。地球儀で見るとブラジルは日本の対極に位置する、最も遠い国だ。

人口は約2億人で領土面積は南米最大。現地に行こうと思ったら24時間もの飛行時間を経なければならない。大泉町であれば、東京都から電車を乗り継いで2時間程度だ。

大泉町の人口は2019年6月現在で約4万2000人だが、そのうちの約20%、約7800人が外国人である。さらにその7割、約4400人がブラジル人だ。つまり、大泉町に住む人の10人に1人がブラジル人なのだ。

「大泉を知らずして共生を語るべからず」

大泉町長の村山俊明はそう宣言している。なぜ大泉町には、これ程までにブラジル人が多いのだろうか。それは歴史を遡ると見えてくる。

ブラジルには元々、ネイティブアメリカン（今では『インディオ』は差別語とされる）と呼ばれる先住民が生活していた。しかし1500年にポルトガル人が来航し、ブラジルはポルトガルの植民地となる。ブラジルの農場では奴隷にされたネイティブアメリカンやアフリカからの黒人奴隷が労働力として酷使された。

しかし、奴隷制度の実態にブラジル内外から批判が向けられるようになり、1888年に廃止された。ブラジルは奴隷に代わる新たな労働力を探す。発案されたのが移民の受け入れだ。ブラジルは移民の受け入れを表明し、1908年には日本人移民の受け入れを正式に開始した。

今でこそ驚きだが、明治、大正時代の日本は貧しく、ブラジルに行きチャンスを掴もうとする日本人は多かった。それから約100年の間に日本から実に13万もの人がブラジルに渡ったのだ。ブラジルは世界一の日本人移民受入国であり、現在でも約160万人の日系ブラジル人が暮らしている。

そうした歴史的背景もあり、ブラジル人といってもネイティブアメリカン、黒人、白人、日本人などいろいろな人種、民族間で男女が結婚し、子どもが生まれ、血は複雑に混ざり合った。それゆえにブラジル人の容姿は実に様々なのである。

日本との関係でいえば、戦後は逆流が起きた。日本は高度経済成長を下支えする労働者を必要としたのだ。来日するブラジル人が増えることになる。1990年には日本の出入国管理法が改正され、ブラジルで暮らす日系人のうち3世までと、その家族の受け入れを開始した。

その背景には、日本の工場の労働力不足があった。労働者獲得という目的のために、日系ブラジル人を利用したのである。特に、群馬県の大泉町や隣接する太田市には大企業の大規模な工場が林立する。次第に大泉町に出稼ぎにやってくる日系ブラジル人が多くなり、ブラジル料理の店などを開く者も出てくる。こうして、自然とブラジルタウンが形成されていった。

大泉町の日常の景色は、まさに日本のブラジルだと言っても大げさではない。大泉町のブラジルタウンを歩くと、店の看板や道路標識などいたるところにポルトガル語が表記されていて、道行く人もブラジル人が多い。

多文化共生を実践する大泉町を、多くのメディアが取り上げ、移民受け入れ問題と外国人との共生という壁を越えた町だと報じるようになった。大泉町には、ブラジル人以外にもペルー人、ボリビア人など多くの外国人が暮らしている。

しかし、多文化共生を掲げてきた大泉町には決して否定できない負の側面もある。ブラジル人の容姿は様々だが、日本人とは明らかに見た目や名前が異なれば格好のいじめのターゲットとなる。

実際に学校や職場でブラジル人がいじめられている光景は、大泉町では珍しくはない。

「このままだと町がブラジル人に乗っ取られる」

このような発言は、大泉町で暮らす人々の間で頻繁に飛び交っている。

移民を多く受け入れる近代国家において、排外主義が巻き起こるのは常だ。２０１６年にイギリスの国民投票において、ＥＵ（欧州連合）離脱を求める票が過半数となったことは世界に激震を与えた。

さらには２０１７年にメキシコ国境からの不法移民を防ぐための壁を建設すると訴えて米国大統領選挙に勝利し就任したトランプ大統領の存在は、反グローバリズムの風潮が世界で強まっていることを痛切に感じさせた。それは日本も例外ではない。

大泉町の町中の至る所に「ポイ捨て罰則５万円」と書かれた看板がある。他の町ではこんな看板や罰則はほとんどないはずだ。長年、大泉町で暮らしている中年女性は私に言った。

「ブラジル人はゴミをポイ捨てして困る。迷惑だから出ていってほしい」

しかし、私が大泉町で見た光景は違う。ゴミのポイ捨てをする日本人も大勢いるのだ。さらに、ブラジル人のせいにされるのはゴミだけではなかった。

大泉警察関係者に話を聞くと、騒音の苦情や犯罪は日本人にも多くあるのに、これも「ブラジル人が」とされてしまっている。どこの国の人間だろうが犯罪をする者はいる。国籍は関係ない。

生活保護費不正受給、公共料金滞納、凶悪犯罪などなど、同じことをしている日本人も多くいるのに、その事実が歪められ、外に矛先を向ける、つまり差別が起こるのだ。それは仕事に対してでもある。

「日本人の雇用が奪われる」

日本政府が政策として、日本の深刻な労働力不足を外国人人材で補っていく計画をしたのにもかかわらずだ。

大泉町や太田市に住むブラジル人の大半は、工場での「期間工」と呼ばれる契約社員である。期間工は自動車や電化製品の部品組み立て作業をする工場労働だ。仕事は単純作業なので技術は要求されないが、重い部品を組み立てるなど肉体を酷使する作業が多い。勤務時間も早番、遅番あり、残業は当たり前で時期によっては不規則で寝る時間がないことも少なくない。

劣悪な労働環境で、なぜブラジル人は働き続けるのか。資格や特技を持たないブラジル人を雇用する職場が、他にはないからである。

日本は工場労働者不足を解消するために、ブラジル人を利用してきたのだ。ブラジル人をまさに使い捨ての「道具」のごとく扱ってきたのだ。

そのような中で、当たり前だが健全に生きるブラジル人だけではなくなる。それを如実に現したのが、ブラジル人不良グループの存在である。差別に晒される存在の者たちが、不良グループを形成することは必要悪的な自然な流れだったのだ。大泉町のブラジル人不良グループの歴史は、１９９０年代から今もなお続いている。

覚醒剤売買のシノギ

「みんなでクリスタル（覚醒剤の隠語）を売ってたの。そうしたら、ペレ（仮名）が太田のヤクザにさらわれてボコボコにされちゃったんだ」

　私はお好み焼き屋で日本人の少女に話を聞かせてもらっていた。年齢を尋ねると、ミキ（仮名）はまだ18歳だという。だが、紫色のジャージの上下に、派手な金髪のロングヘアーで、メイクもばっちりである。誰が見ても、20代にしか見えないだろう。

　ミキは実際に太田の繁華街のスナックで働いている。地方で働く元不良のキャバクラ嬢の休日のファッションで、こういった格好が多いように感じる。フルーティーな香水の匂いをプンプンさせている。

　ミキの話を聞く限りでは、彼女の彼氏である20代前半のブラジル人男性、ペレが暴力団に拉致されて制裁を加えられたようだ。ペレは、ブラジル人を中心にしたペルー人、ボリビア人が混合する外国人マフィアのメンバーであり、太田の繁華街で違法薬物を捌いていたらしい。裏社会の掟として通常こうした場合は、その繁華街を縄張りにしている暴力団に話を通すのが筋だ。

　しかし、ペレは暴力団に何も相談をしていなかったようだ。当然そうなれば暴力団からすると支配下の縄張りを荒らす敵対者になる。暴力団事務所で袋叩きにされたペレは、ボロボロになりながらも大泉町のアパートに自力で帰ってきたという。

「免許証見られて、住んでいる場所も知られちゃったみたいだからどうしよう。今度は殺すって脅されたみたい。ペレはみんなでやり返すって言ってる。ミキは警察に被害届は出したら良いのにと思う」

相当危険な状況に追い込まれているようだ。だが、ペレは違法薬物の売買等、非合法の商売をしている。警察に被害届を出せば、自身が警察にマークをされることとなる。そして暴力団側に逮捕者を出せば、リンチぐらいでは済まなくなるだろう。どちらにしても警察に頼るのは得策ではない。

私は被害届を出さない方が良いのではないかという個人的な意見を伝えた。

「もういい。うちらでやっつけちゃうし、知ってるヤクザの人に相談する」

ミキは拗ねた顔をして投げやりな態度で返事をした。暴力団相手に勝てると思っているのか、相談する暴力団は信用できるのかなどお節介を言いたくなったが面倒くさいのでやめた。どちらにしても、さらなるトラブルになるだろう。明るい未来に進むとすれば、太田の繁華街で違法薬物を捌くのをやめておとなしく暮らすことだ。

「ほら、カッコ良いでしょ」

ミキがスマホを私に向けてきた。画面には見るからに悪そうな筋骨隆々のブラジル人男性が映っている。喧嘩が強そうなのは分かるが、個人的に美男子とは思えない。

「この写真、彼氏さん？　カッコ良いね」

ミキは嬉しそうな笑顔をした。やはりペレの写真らしい。本当にペレのことが好きなのだろう。けれども、どうして若い日本人女性が、明らかに怪しい外国人マフィアのメンバーに好意を寄せるのかが私には分からなかった。

「どうして好きになったの?」

ミキは照れくさそうな表情をする。少し考え込んだミキは、真剣な顔付きで答えた。

「優しいからかな。ミキは親と仲悪いし、友達もいなかった。学校でもいじめられてた。でも、ペレはいつも一緒にいてくれる。ミキを愛してくれて、家族の一員に加えてくれた。ファミリーにしてくれたんだよ」

切実なミキの吐露に、私の胸は締め付けられた。どこにも居場所のない孤独な日本人の少女を温かく迎え入れたのは、外国人マフィアコミュニティだった。

「恐くない?　巻き込まれることになるよ」

私は心配して、ミキに尋ねた。

「ペレと結婚する約束してるんだ。大丈夫」

ミキは覚悟した面持ちで答えた。だが、私にはどうしても気になっていることがあった。それはミキが覚醒剤常習者特有の、酸っぱい汗の匂い、パサパサな髪、開いた瞳孔をしていたからだ。ミキは薬漬けにされて利用されているのではないのか。

「何かあったら連絡して。少しは力になれるかもしれない」

私はそう言うと、会計を済ませて次の取材に向かった。


前述したように群馬県内ではかねてから暴力団同士の抗争が起きてきた。特に有名なのは2000年代の稲川会と住吉会の抗争だ。

東京都葛飾区白鳥の四ツ木斎場で開催されていた住吉会系組織幹部の通夜で、稲川会系組織組員が住吉会系組織会長など2人を射殺。1人は重傷を負った。実行犯は群馬県に本部を置く稲川会系組織の組員だった。

稲川会は、射殺行為をした組員の所属する稲川会系組織を絶縁。素早い対応で和解をするに至った。しかし、その後も住吉会系組織によって、稲川会から絶縁処分された稲川会系組織に対して報復する銃撃事件等が続き、最後には前橋市のスナックで無差別乱射事件が起きて4人が射殺され1人が重傷を負った。その中の亡くなった3人は無関係の市民であった。

群馬県警関係者は深刻そうに語る。

「こないだの栗山組の件も、死者も出ているし簡単には収まらないだろう。太田市の住民からは不安の声が聞こえてくるよ。太田市には北関東でも随一の歓楽街の南一番街があるから、どうなってしまうのか」

群馬県太田市、東武鉄道の太田駅南口を出ると、北関東の代表的な歓楽街として知られる南一番街《みなみいちばんがい》が存在する。南一番街を歩いていると、性的な奉仕をする店舗の看板がいくつも見え、目のやり場に困ってしまう。さらには、暴力団構成員と勘違いしてしまうようなガラの悪い客引きがしつこく声をかけてくる。

１９７０年頃から１９９０年頃までは百貨店、スーパー、商店などがある、ごく普通の商店街だったが日本の自動車などを製造する大手企業「富士重工業株式会社（現在の名称は株式会社ＳＵＢＡＲＵ）」のお膝元で車社会が進行し、やがてバブル崩壊もあり商店街としては急激に衰退。それからは風俗店、居酒屋が数多く立ち並ぶ歓楽街に変容していった。

歓楽街として栄えた理由は、太田市と隣接する大泉町に大手自動車メーカー、大手電機メーカー等の大規模工場が多数あるためだ。寮に住み込みなどで働く独身男性が多いので自然と需要と供給が増えていった。現在、南一番街は完全なる風俗街と化している。

地元太田市の暴力団関係者は話す。

「南一番街は、太田市長の清水聖義《しみずまさよし》さんのお墨付きだった。ここまでなるのにもいろいろあったんだよ。持ちつ持たれつでやってきたんだが、今は違ってきてしまった」

意味深な発言をする暴力団関係者が言う清水聖義とは、1995年から太田市長を務めるベテラン市長である。昨今は古き良き昔と違い、暴力団の交際が問題視されてしまう時代だ。

裏社会の住人たちの中には嘘吐きが多い。出鱈目をさも真実のように話すのは、自分の力を誇示するために他ならない。しかし、太田市長の清水聖義には、確かに昔からきな臭い噂話が付きまとっていることは事実だ。

かつて、2007年3月に山口組系組員が、清水聖義の自宅にトラックで突っ込み門扉を破壊する事件も起こしている。地元住民の中では、清水聖義と暴力団関係者との間で何らかのトラブルがあったのではないかと囁かれた。

なぜかというと、太田市は2005年3月には「おおた南一番街クリーンアップ条例」を制定。行政主導で風俗街の浄化を進めているので、歓楽街を縄張りにする暴力団組織からすれば面白いわけがない。

南一番街では、それだけ大きな利権が動いているということだ。2016年2月に覚せい剤取締法違反で警視庁組織犯罪対策第5課によって逮捕をされた元プロ野球選手の清原和博も、覚醒剤を太田市で暴力団関係者から仕入れていたことで注目された。

清原和博との取引に関係していると噂された暴力団関係者の女密売人、通称〝シャブばばあ〟は全国メディアでも話題となった。シャブばあが、覚醒剤の密売で得た資金でシャブ御殿まで建てているという伝説までインターネット上を中心に広がった。その後、清原和博は懲役2年6月、執行猶予4年の有罪判決が確定。

また、２００８年11月に覚せい剤取締法違反と大麻取締法違反で逮捕された人気ＡＶ女優、倖田梨紗も太田市に通っていたとされる情報が流れた。

その後、倖田梨紗は懲役1年6月、執行猶予3年の有罪判決が確定。さらには執行猶予中の２００９年2月に、再び覚せい剤取締法違反で逮捕され懲役1年4月の実刑判決を受けて福島刑務所に服役した。

関係性は不明だが、倖田梨紗と一時期交際していたジャニーズ事務所所属の人気グループＫＡＴ－ＴＵＮ（カトゥーン）のメンバーであった田中聖も２０１３年9月に明らかに違法薬物を使用しているような表情で下半身露出をしている写真が週刊誌に流出し、ジャニーズ事務所から専属契約を解除され脱退することとなった。

他にも倖田梨紗と同じく元人気ＡＶ女優の麻生希が太田市によくいたという情報がある。麻生希は２０１６年6月、麻薬及び向精神薬取締法違反容疑で逮捕され起訴。懲役1年6月、執行猶予3年の判決を受ける。所属事務所が契約終了を発表し、太田市や隣接をする栃木県足利市のキャバクラに勤務していたらしい。２０１８年3月、再び覚醒剤取締法容疑で逮捕をされ起訴。懲役1年8月の実刑判決を受けた。

国民的スターのプロ野球選手や人気AV女優が違法薬物取引のために、県外から足繁く通っていた場所として太田市は悪い意味でクローズアップされた。

某大手新聞社の群馬支局記者は南一番街の利権争いを話す。

「現在、太田駅前は再開発事業を進めています。浄化作戦で風俗街からの脱却を図ったとしても、今後も南一番街では大きな利権が動くでしょう。昔から群馬県は山口組、住吉会、稲川会の熾烈な争いが起こってきましたが、山口組の分裂劇もあり、南一番街ではいくつかの勢力による攻防戦が数多く繰り広げられています。

当初、マスコミの間では半グレ集団のブラットについては稲川会系の組織が面倒を見ていると噂されていたのですが、実は任侠山口組系（現在の名称は、絆會）の組織が世話をしているという説もあります。栗山組事務所前でのトラブルの少し前に、太田市の祭りで栗山組系の数十人と任侠山口組系の数十人が揉めていたんです。警察も出動する騒ぎになって記者連中も現場に何人かいたのですが、一触即発の雰囲気でした。

太田市の露天商（テキ屋）組織だとイケイケの武闘派集団で知られる川田商事が有名ですが、祭りといえば外国人マフィア勢力のことも頻繁に耳にしますよ。大泉町、太田市、館林市の祭りには暴走族やギャングチームをはじめとする地元の不良たちが勢揃いします。

ブラジル人、ペルー人、ボリビア人などが混合した集団が練り歩き、派手な声出しをしたこともありましたね。暴力団と大きなトラブルになったこともありました」

群馬という土地柄は、日本人と外国人の多文化共生が進んでいる反面、地元暴力団組織と外国人不良グループ勢力がぶつかり合うことがよく見受けられる。表社会も裏社会も、日本人と外国人がお互いに認め合い、共存共栄するのは難しいことのようだ。外国人マフィア集団のメンバーであるミキの彼氏のペレも、太田市を縄張りにする暴力団組織とトラブルになった一例なのだ。

南一番街の違法管理売春地帯

2019年9月、私は南一番街に存在する違法の管理売春地帯にいた。南一番街で暴力団でさえも手出しができずに認められている外国人マフィアがいるとの情報を、旧知の仲である群馬県の暴力団関係者に聞いたからだ。

「昔から、南一番街の売春を仕切っているのは外国人勢力だ。他の商売をすることは絶対に許さないけどね。アパートやマンションの一室で、マッサージを装って露骨な一発屋をやっているよ。今は徐々にデリヘルにシフトチェンジをしているけどね。評判は良いよ。

リピーターも多い。困っている外国人の女が働いているから、ぜひ行ってあげてよ。警戒心が強いから紹介はできないけど、運が良ければ仕切っている外国人グループに会えるよ」

南一番街の客引きは暴力団構成員と見間違うような容姿の人間が多いが、外国人勢力が仕切っている管理売春地帯だけは様子が違った。美人の外国人女性の呼び込みが何人も立っていて、口をチュッチュチュッチュッと妖艶に鳴らし、甘い声で話しかけてくる。

「お兄さん。マッサージどう？　楽しいこともできる」

「お兄さん。カッコ良いいね。好き」

グラマラスな外国人美女たちに誘惑される。金目当てではあるがボディタッチもされる。私はその内の1人の、日焼けした肌の南米系美女を選んだ。年齢は30歳前後に見える。差し出された手を握る。モデルのローラ似の外国人美女は笑った。

「一緒、来て」

ローラ似の外国人美女に案内をされる。廃墟ビルの一室のような部屋に案内された。お世辞にも綺麗とは言えない狭い部屋には、簡易なマッサージ台が1つだけ置いてある。少しカビ臭い匂いがした。

「マッサージ代3000円、エッチなこともできる。手はプラス2000円、口はプラス3000円、本番セックスパンパンはプラス5000円。どうする？」

私はマッサージだけを受けて話を聞くことに専念したが、サービスは破格の安さだ。

「どこの国から来たの？　ここにはいつもいるの？」

風俗業で働く女性は訳ありの人間が多い。取材と悟られないようにさり気なく質問をする。

「フィリピン。ここは時々。普段はフィリピンパブで働いている」

ローラ似の外国人美女はいつもはフィリピンパブにいるらしい。日本語は達者だ。キャバクラよりもリーズナブルに通えるフィリピンパブは時給が安いことがほとんどだ。群馬県や栃木県には、数多くのフィリピンパブがある。

「お金足らないから仕事する。お兄さん、今日はありがとうね」

帰りを促してくるローラ似の外国人美女。肝心なことを私は調べられていない。この管理売春地帯を仕切っている外国人勢力のことだ。

「定期的に遊びたいから、ここら辺をまとめている人たちを紹介してくれないかな。話をしたい」

私の要求に、ローラ似の外国人美女は困惑した表情をした。私は財布から5000円を出して渡した。

「聞いてみる」

ローラ似の外国人美女はスマホを取り出し電話をする。

「はーい。ちょっといい。今、お客さんといる。遊びたいお客さんが会いたいって」

外国人勢力に取材をできればありがたい。声は聞こえないが、私の隣で返事をするローラ似の外国人美女の顔色は冴えない。

「ごめん。お客さんとは基本、会わないんだって」

予想通りの返事だった。管理売春地帯を取り仕切る外国人勢力の警戒心は強い。ローラ似の外国人美女は5000円を返そうとしてきたが、私は手で制止をした。

廃墟ビルの一室から出ると、外にはガニ股で座り込む下品な外国人女性や、胡散臭い客引きが立っていた。管理売春地帯を支配する外国人勢力の取材は正攻法では難しいと感じた。

私はいつものように話を聞くために、南一番街のレストランでミキと食事をしていた。傍から見たら、援助交際をしているか、キャバクラ嬢に貢いでいる中年男性にしか見えないだろう。取材のためとはいえ、周囲の客の目は痛かった。

「ねー、〝野菜手押し〟って知ってる？ 今度、テレグラム（秘匿性の高い通話アプリ）で取引するんだ」

ミキは周りにも聞こえてしまいそうな声のトーンで喋る。私は唇に人差し指を持ってきて、声量を静かにするようサインを出した。野菜手押しというのは、大麻の直接取引を表す隠語だからだ。野菜は大麻、手押しとは対面で直接販売をするという意味だ。

近年は、裏社会においても時代の流れの影響から、インターネットを利用した犯罪が増えた。ダークウェブと呼ばれる闇サイトやＴｗｉｔｔｅｒなどのＳＮＳで違法な物を取引する犯罪が多くなっている。

「やめたほうがいい。また、ヤクザとトラブルになるよ。それにテレグラムを使っても、警察やマトリ（麻薬取締官）の内偵が入っていれば、逮捕されたケースもある」

「だって、ペレが仕事してないんだもん。お金必要」

私が咎めると、ミキは急に真面目な表情になった。

「ねー。ペレでも働ける良い仕事ないかな。紹介してくれたら、本当に助かる」

切実な相談であった。しかし、私もさすがに外国人マフィアのメンバーを知り合いの職場に紹介することはできない。違法薬物売買などの非合法な仕事に手を染めていることも知っている。

「申し訳ないけど、俺に頼らなくても、工場や建設関係で仕事があるんじゃないかな。この間も〇〇工場の求人が出てたよ」

私がそう言うと、ミキからは思いもよらない答えが返ってきた。

「ペレが今は捕まるようなことをしているの、いろいろあったからみたいなの。工場とか建設現場で働いた時に日本人から酷い目に遭って、辞めたって聞いた。ペレの仲間たちもそう。昔、飲食店で働いていたら、ブラジル人だからというだけで嫌がられたり……」

ペレを正当化するわけではないが、彼が外国人マフィアのメンバーになったのには日本社会にも一因がある。いずれペレと直接対面し、話を聞きたい私はミキに会計よりも多い1万円を渡そうとした。少しでも生活の足しになるだろう。

「これで会計をしておいて」

しかし、ミキは私の目をじっと見詰めて、お金を受け取らなかった。

「いいの。割り勘にしよ。私、今度から風俗をやるんだ。お金、大丈夫」

「そうなの？　大丈夫か？」

性風俗産業に偏見があるわけではない。自らの意思とは違い風俗店で働くことを強要されていたら酷い話だが、そうではなければ客にサービスをして金を稼ぐという点では他の仕事と変わらないはずだ。

ただ、客の中にも、風俗嬢を見下したり、馬鹿にしたりする人は大勢いる。セックスワーカーは不当に蔑視されてはならないのだが、そういう風俗嬢の晒されている悲しい状況について知っている私は、肩身の狭い想いをミキがしないかが気がかりだった。

「私は会話とかそんなにうまくないからスナックだと人気ないの。他の従業員と気が合わないし、遅刻とかもうるさいし、客とヤッて裏引き（店の外で直接お金をもらうこと）したのがバレてママに怒られてるんだよね。昔もエンコー（援助交際）してたから慣れてる。風俗の方が手っ取り早く稼げるし楽なの。ペレの知り合いのところで雇ってくれるみたいだから」

ミキはどこか悲しそうな面持ちをした。ペレの紹介で風俗の仕事をするのは、複雑な心境なことは間違いないだろう。

「どこで働くの？」

私が聞くと、ミキは笑いながら舌を出した。

「内緒。来られたら困るし。ペレと一緒にお金貯めて、自分たちのバーを開いて、結婚する約束してるんだ。ブラジルにいる家族にも会わせるって。ポルトガル語も覚えてる。ペレはキリスト教徒だから、ミキも教会に一緒に行ったりして勉強してるよ」

ミキはペレから習ったのか、胸のところで十字を切る仕草をした。私は思わず吹き出してしまった。情報が欲しいと称し、若い女を口説いていると誤解されているのか。しかし、ミキの先行きを不安視せずにはいられなかった。悪い男が女を風俗で働かせる、典型的なパターンに思えてしまう。

「何かあったら言ってね。また連絡する。お金があって困ることはないよ」

私は立ち上がり、ミキの手に1万円札を握らせた。ミキは申し訳なさそうにしたが、今度はその金を受け取った。

2019年10月、私は群馬県太田市のパチンコ店にいた。管理売春地帯を取り仕切る外国人勢力がよく出入りをしているという情報を聞いたからだ。私はそのリーダー格の男の写真を入手することにも成功していた。逮捕歴があり、懲役にも行っている筋金入りの男である。

「悪いけど金を積まれても彼らを紹介することはできない。トラブルに巻き込まれたくはないからね」

普段は図々しく立ち振る舞う暴力団関係者が、とても慎重だ。それだけ外国人勢力との付き合いはデリケートだということなのだろう。私は自力で外国人勢力に接触するしかなかった。

パチンコ店特有の大音量に包まれた空間を歩く。当ててやろうという顔をした人間たちが、夢中でパチンコやスロットを打っている。金を儲けたいシンプルな欲望が渦巻いている。スロットを打っている客の中の1人に、外国人勢力のボスがいた。外国人マフィアのボスとはどう見ても思えない小柄な優男である。

丁度、外国人勢力のボスの隣の席が空いていたので私は座った。機械に金を入れる。ボタンを押すとメダルが出てきた。ぎこちなく周囲に思われていないか心配だったが、誰も私のことを見ていないようだ。

私はスロットを打ちながら、さてどうしようかと考えた。いきなり話しかけても不自然だし、良いきっかけはないだろうか。私は迷いながら、打ち続けるしかなかった。面白いように出ない。スロット台を変えるわけにはいかない。サンドに金を突っ込み続け、どんどん札が消えていく。

「おしっ！」

外国人勢力のボスが声を出してガッツポーズをした。どうやら当たったらしい。よく分からないが、スロット台から今までとは違う音楽が流れ派手に光り輝いている。うらやましいと思ったとき、肩を叩かれた。

「あれー！」

聞き覚えのある声がした。振り返ると笑顔のミキがいた。相変わらず、パサパサな髪、開いた瞳孔をしている。今日も覚醒剤をキメているのだろうか。

横には、スマホの写真で見せてもらったことのある彼氏のペレがいた。悪そうな筋骨隆々のブラジル人男性のルックスは写真のままだが、予想以上に大きく感じられた。プロレスラーのような迫力だ。

私は挨拶をする。外国人勢力のボスにも見られたので、軽い会釈をした。外国人勢力のボスは私のことを特に気にしていないようだが、ペレは無言だった。ミキの知り合いである私のことをよく思っていないのだろう。私を威嚇するような表情で見下ろしてくる。ミキはペレに耳打ちをして、何やら話をしている。さりげなく、ミキは私にウインクをした。余計なことを言うなとの合図だろう。

「ボス、当たってるねー」

私の隣でスロットを打つ外国人勢力のボスにミキが話しかけた。知り合いなのだろうか。私は黙って、スロットを打ち続けることにした。

「当たったよ。今夜はパーティーだ」

外国人勢力のボスが言うと、ミキとペレは声を上げて喜んだ。ミキは異様なほどハイテンションだ。

「ボス大好き。ペレのために仕事も頑張るからね」

私は聞いていない振りをしていたが、ミキはどうやら男の下で仕事をするようだ。それはつまり、南一番街に存在する違法の管理売春地帯で働くということだ。外国人勢力のボスとペレの関係が私の中で繋がった。

「ミキは偉いな。ペレ、前みたいにヤクザに何かされたらすぐ言え」

物騒な会話とは正反対で、外国人勢力のボスの風貌があまりにも普通であることが恐ろしい。私は意識して、外国人勢力のボスとミキとペレを見ないようにしていた。だが、ペレが私のことを警戒している空気だけはひしひしと伝わってきた。

「それじゃー、ボス、また夜ね。楽しくなるの、用意しとくねー」

ミキは無邪気な声でそう言った。

ミキとペレが店を出る。外国人勢力のボスは、スロットを打ちながらも忙しそうに電話をし始めた。

「あの女、いなくなっちゃったの？」

「いつ、あれ持ってこれる？」

危なそうな話を笑いながらしている。私はその姿を見て、憤りを感じた。ミキは外国人勢力の金儲けの道具にされている。はっきり言えば、ペレによってミキは売られたようなものだ。ミキが覚醒剤漬けにされて、リスクもある中で違法売春行為をし、心身ともにボロボロになってしまわないかが心配だった。

追い込まれた少女

２０１９年11月、私は群馬県太田市から少し離れた北関東某所のカラオケ店で、ミキと会っていた。裏社会系を題材に取り扱う出版関係者にとって、誰にも会話を聞かれないカラオケ店は格好の打ち合わせの場所だ。

案の定、ミキは外国人勢力に酷い目に遭わされたらしい。あれだけ注意をしたのにもかかわらずである。追い込まれたミキが、助けを求めてきたというわけだ。青白い顔をしたミキはぶるぶると震えている。前より少し痩せたように思えた。

「今日、仕事サボっちゃった。怒られる。どうしよう」

ミキの携帯がしつこく鳴っている。ペレからの電話のようだ。

「休みとか全然なしで客取らされて。違法の風俗だからゴムを外されたり中出しされたりもした。警察にも言えない。ミキが1日10万稼いでも、もらえるのは３０００円ぐらい。最初はペレは毎日、数万円渡してくれたのに。ペレと一緒に住んでいるアパートに仲間たちが来て、無理矢理セックスされたこともある。後でペレに言っても、何もしてくれない。ペレに仕事辞めたいと話しても、駄目だって怒るの。他の女と遊んだりするし、どうして……」

私は、それはペレがミキのことを好きではないからだと言いかけたがやめた。金儲けの手段の1つにされているという残酷な現実を突きつければ、ミキの精神状態が持たないだろう。それに、もう1つ心配事があった。

「シャブ（覚醒剤）はもうやってない？」

ミキは頷いた。腕を見せてくるが注射の痕はなかった。しかし、私はミキが嘘をついているように感じた。覚醒剤は炙って吸引をすることもできる。

「本当に？」

再びミキは頷いた。これ以上は聞いても無理だろう。

「でも、クリスタル（覚醒剤）を売らされたりはしている」

「何だよそれ。完全に使われてるじゃん。違法薬物の使用も駄目だけど、売人だと営利になるから実刑になるよ。刑務所に入ることになる」

「そういうのよく分かんないの」

ミキは考えたくもないのだろう。だが、どのような事情であれ、リスキーな犯罪行為をしていることに他ならない。私はボロボロになったミキの姿を見て、放っておくことができなくなってしまった。

「とりあえず、親御さんに連絡して帰った方がいい。ペレはミキの実家の場所とか知ってる？」

「知ってるよ」

「じゃあ、何かあったら警察に言うんだ。ペレとは会っちゃ駄目だ」

「でも、ミキがいなくなるとペレが大変なの。ボスに金借りてるみたいだし、ヤクザから守ってもらってる」

生き地獄のような目に遭わされたにもかかわらず、ペレのことを心配しているミキ。どこまで都合の良い女なのだ。再び、ミキの携帯がしつこく鳴っている。

「ペレに電話するから携帯貸して」

ミキは首を横に振る。そして、泣きじゃくり出した。

「お願いだから、やめて……」

これでは無理だ。私は諦めるしかなかった。

「じゃあ、自分で電話するんだ。もう、仕事はしないって。早めに伝えた方がいい。その方がボスに迷惑かからないし、ペレも追い込まれずに済む」

ミキは泣くのをやめ、決心した顔になった。カバンの中をあさって携帯を取り出した。ペレからの電話に出る。

「ごめん。出ないで。ミキだよ。今日、仕事休んだ。もう辞めたい。辛くて……」

ミキの携帯はスピーカーになっていないが、怒鳴り声が聞こえてくる。聞き取れないが、ペレがブチ切れていることだけは間違いないようだ。

「そんなこと言わないで……」

また、ミキは泣き出してしまった。

「ペレがどうでもいいわけじゃないって。好きだよ」

これではペレに説得されてしまうのではないか。私はもう強硬手段しかないと考えた。ミキの携帯を素早く取り上げる。

「こんにちは」

「やめて！」

ミキが慌てて止めに入るが振り払う。無駄なトラブルに巻き込まれるのは本当に嫌だが、取材をしていて情が移ってしまったようだ。

「ちょっと、ミキさんに酷すぎることしてませんか？」

「あ、誰？　用事ないんだけど。ミキに代わってくれる？」

さっきまでミキに怒鳴っていたのとは違い、とても冷静な対応だ。普通、彼女と電話で話していて、違う男が出たら激怒するのが当たり前だ。

「先日、パチンコ店で会いましたよね。もう、ミキさんは仕事を辞めたいようですよ」

「あー。ミキの男？　ミキの何を知ってる？　俺たちに金を借りているし、面倒見ているホストに病気をうつしたこともある。前働いてたスナックでもルール破った。あなたが立て替えられるのか？」

ペレは私に対して恐喝にならない体裁で脅してくる。どこで習ったのかは知らないが、暴力団の使う典型的な手法だ。裏社会の住人は自分にとって金になる人間を、安易に手放すことはしない。金のなる実を奪うには、それなりの対価の支払いを要求されることがほとんどだ。

簡単に言えば、私が求められているのはミキを解放する条件として、ペレに金を払えということだ。だが私はミキのために金を払う意気込みはない。

「いくら必要ですか？」

私は具体的な金銭の額を提示させ、恐喝で逮捕させてやろうと罠を仕掛けた。

「あなたが金を払う必要はない。関わらない方が良いよ。俺たちもボランティアみたいな気持ちだよ」

すると、ミキから強引に電話を奪われた。ビンタをされる。

「やめてよ馬鹿！　ペレごめんね」

必死にペレに言い訳をするミキ。私はその哀れなミキの姿を見て、自分の気持ちが急激に冷めていくのを感じた。

グループ内の対立

私は群馬県邑楽郡大泉町のバーに入店した。ブラジル人が経営をし、ペレの所属する外国人マフィアグループが頻繁に飲み会をしている店だ。ある紹介者を通じて、私は飲みに来たのだ。ドアを開けると、ブラジル国旗が見えた。ダンスをすることができそうな広い空間だ。

「オーイ（ポルトガル語の挨拶）」

まだ店内には私だけしかいない。気まずい空気の中、バーカウンターに座った。店のママらしき人間が話しかけてくる。ママは40代ぐらいだろうか。少しぽっちゃりしているが、目がくりっとしていて可愛らしい。他に店員は見当たらない。

「△$#□○&%×□×」

何を言っているか分からない。私は困りながらポルトガル語が話せないことを伝える。

「あ、ごめんね。日本人ね。あんまり来ないよ。ここ来るの、ブラジル、ペルー、ボリビア。

何飲みます？」

　私はカイピリーニャを頼んだ。カイピリーニャとは、サトウキビを原料としたカシャーサ、またはピンガと呼ばれるブラジル産のスピリッツに、ライムのブツ切りがたくさん入ったカクテルだ。アルコール度数はかなり強い。私は以前、ある週刊誌の記事を書くための取材で、頻繁に大泉町を訪れていたから知っていた。

「カイピリーニャ知ってるんだ。ブラジルのこと詳しいね」

「今日来ること、○○さんから聞いてませんか？」

　私は紹介者の名前を出した。話が伝わっているか心配だからだ。

「えっ、聞いてないよー」

　不安は的中した。この状態で、外国人マフィアグループが来たら本当に危ない。トラブルになりかねない。困ってしまった。

　私のことを訝しげに見たママは、無言でカイピリーニャを出した。私と話そうとはしない。機嫌を直してもらわないと私の身が危ない。カウンターに置かれているメニューを見て、私はカイピリーニャを一気飲みした。おかわりとサラミを注文する。招かれざる客でも、金を落とせば良い客である。

　ちょっとぐらい酔わないと、私の精神状態も落ち着かない。いつ来るかもしれない外国人マフィアグループを、素面で迎え入れるほど肝は据わっていない。

ママは不愛想に返事をし、カイピリーニャを作る。何も言わずに私の前にカイピリーニャを出した。かなり寒々とした雰囲気だ。サラミを包丁で切っている。

「オーイ！」

ドアが開いた。明らかに南米系の男女の2人組が入ってきた。見た感じ、年齢は30代前半ぐらいだろう。かなりのハイテンションだ。もう大分、出来上がっているらしい。何やらママと楽しそうに喋っている。

南米系の男女が乳繰り合いながら、私を見てくる。2人共、身長は180センチぐらいはある。男は格闘家のような体型をしている。女性は、ムチムチしたグラマラスなスタイルで、ボディーラインを強調するタートルネックとジーンズを穿いている。じろりと2人から見られた。

男の方がカウンターに入ると、ウイスキー瓶とショットグラスを取り出した。男はカウンターから出ると、女を抱き寄せて店の奥にあるソファー席に座った。男女はイチャイチャしながら、ウイスキーをストレートでショットグラスに注ぎ、乾杯をした。

「彼らはペルー人」

ママが言う。ということは、ペルー人の男女も外国人マフィアグループの一員なのだろうか。店内に大音量で音楽が流れ出した。ペルー人の男が歌い出す。カラオケを入れたらしい。ペルー人女性の方が立ち上がり、妖艶なダンスを踊り出した。

なぜかペルー人の女性が私に近付いてきた。美人だが、目が充血しているし瞳孔が開いている。覚醒剤をやっている予感がした。ペルー人の女性は私の手を握り、腰に当てると後ろを向いた。私の身体の前で腰振りダンスをし始める。

「ヒュー！」

謎の叫び声を上げるペルー人の女性。セックスの際の立ちバックのような格好になってしまった。これでは、一緒にいるペルー人の男性に怒られてしまう。だが、その光景を見てペルー人の男性は腹を抱えて笑った。交際相手ではないのだろうか。ペルー人の男性は、陽気に歌い続ける。しばらくして曲が終わるとペルー人の女性にハイタッチをされた。

「お前、日本人面白いなああ！　グラスを持って来いよ！」

日本語を話すペルー人男性は上機嫌だ。ぶっ飛ばされないかと冷や汗をかいた。これが南米のノリなのか。私はママからショットグラスをもらう。サラミも受け取った。ペルー人の男性は戻ってきたペルー人の女性をソファー席で抱きしめながら、対面に座れと促す。私は言われるがままに座った。

ペルー人の男性の方も、近くで見ると目が充血しているし瞳孔が開いている。覚醒剤をやると、多幸感と万能感が溢れるというが、まさにそのような状態になっているのだろう。ショットグラスにウイスキーを注がれた。乾杯をする。ペルー人の男女は一気飲みをしている。私も覚悟を決めた。ウイスキーを一口で空ける。

「そうだああ！」

叫ぶペルー人男性。何だかよく分からないが喜んでいるらしい。

「オーイ！」

すると、見るからにガラの悪い8人の集団が入ってきた。全員、ヒップホップのラッパーのような格好をしている。年齢は皆、20代後半ぐらいだろうか。一目見て、外国人マフィアグループだと分かった。8人の集団はペルー人の男女と私が座っているソファー席を取り囲んだ。

何やら口論をしている。日本人の私には聞き取れないが、揉めていることだけは分かった。ペルー人男性が立ち上がる。さっきまで、陽気だったのが一変し、表情が怒りに満ちていた。私はママに腕を掴まれ、ペルー人の女性とカウンター席に戻された。

「彼らは日系ブラジル人。一緒のグループなのに、お金で喧嘩してるの」

私はトラブルの現場に鉢合わせてしまったようだ。

次の瞬間、ペルー人男性の右フックが、ブラジル人集団の1人に炸裂した。だが、すぐに周りにいたブラジル人集団がペルー人男性に飛び掛かり、無数のパンチを浴びせた。ペルー人男性の身体が沈んだように見えた。ブラジル人集団に踏みつぶされるようにペルー人男性は蹴られ続ける。

ペルー人女性は悲鳴をあげる。このままでは死んでしまう。私がそう思った時、ママが叫びながらブラジル人集団に突っ込んだ。驚いた顔をしたブラジル人集団のリンチが止まった。ここで何か言わなければ、私も男がすたる。

「それぐらいで終わりにしてください。お願いします」

私はそう言ってお願いをした。ブラジル人集団の1人が私に近付いてきた。見上げる程に身長が高い。腹に衝撃が奔った。ボディーブローを鳩尾に食らったようだ。痛みと共に呼吸が止まる。

「おい！　日本人馬鹿野郎！　かかってこい！」

ブラジル人集団から大笑いをされる。日本語も喋れるようだ。言い返したいが、声が出ない。膝が崩れ落ちるのを我慢して、私は効いていない振りをした。睨みつける。

「#□＊○&＊××！」

ママが叫んだ。入口を指さしているので、帰れと言っているのだろう。ママは本当に怒っているようだ。携帯電話をママは振り上げた。警察に電話するぞと言っているのだろうか。

するとʼ、ブラジル人集団は、しぶしぶ店から出て行った。私はそれを確認すると、よろめきながら歩いてソファー席に倒れ込んだ。

私は大泉町のバーのカウンター席で、ブラジル人集団から暴行を受けたペルー人男性とウイスキーを飲んでいた。先程まで一緒に楽しそうに遊んでいたペルー人女性は帰ってしまった。

「大変でしたね。あの人数は、1人では無理ですよ」

「あいつら殺してやる。悪かったね。ご馳走するよ」

ペルー人男性は、申し訳なさそうに言った。私にうざ絡みをしたり、ブラジル人集団と揉めていた時とは違い、とても丁寧な対応だ。

「とんでもないです。気にしないでください。ところで、彼女は大丈夫ですか?」

「知らない。こないだクラブでナンパしただけの女だ」

「で、一体何だったんですか?」

ペルー人男性は、都合の悪そうな表情をした。何も言わない。

「ごめんね。でも、よくあること。本当に迷惑。警察呼ぶかと思った」

ママが眉間に皺を寄せながら、ペルー人男性を凝視した。誤魔化すように、ペルー人男性は身体が痛そうな仕草をした。確かに、あれだけ袋叩きにされれば、どこかの骨が折れていても不思議ではない。

「病院行った方が良いですよ。クリスタル（覚醒剤）が抜けてからですけどね」

私は笑いながら口にした。その瞬間、ペルー人男性は慌てた顔をしたが、クスクスと笑った。

「ホセ（仮名）だ。よろしく」

私とホセは握手をする。ママがそれを見て、呆れた表情をした。

「いつグループ辞める？」

ママがホセに言った。やはりホセは外国人マフィアグループと関わりのある人間なのだろう。

「考えてる。でも、金を払えと言ってくる。俺はクリスタル盗んでない。あいつら、いつも、ペルー人を馬鹿にしてる。許せない。アリサはブラジル人だから分からないよ」

ママの名前はアリサというらしい。予測通り、ホセは外国人マフィアグループの一員だった。覚醒剤を盗んだ疑いを持たれているようだ。それに、ペルー人という理由で肩身が狭い想いをしているらしい。

「グループは、ブラジル人のメンバーが多い？」

私が尋ねる。大泉町や太田市を中心に活動をする外国人マフィアグループの実態を聞くことのできるチャンスだ。

「もう辞めるから教えてやる。ブラジル人がたくさん。でも、ペルー、ボリビア、フィリピン、チャイナ（中国）、コリア（韓国）もいる。だから、まとまらない。さっきみたいな喧嘩も多い」

恐ろしい程にメンバーの国籍はインターナショナルだ。トラブルが多いことも納得できる。

「グループの人数は、何人ぐらいいる？」

「100人ぐらいかな。グループというより、友達の集まりみたいな感じ。先輩はいるけど、小さい頃から知っている人間ばかりだ。長く日本に住んでいるメンバーが多い。俺は6歳から。日本語うまいだろ」

結構な人数である。これでは高齢化し人数も激減する暴力団よりも戦闘力は高いはずだ。

「どうして、グループに入った？」

「簡単だ。いじめられるから。ペルー人というだけで、日本の学校で日本人から馬鹿にされた。他のメンバーもそう。ブラジル人、ペルー人、日本人と見た目も文化も違う。いじめのターゲット。でも、グループに入って、強くなったら誰も学校で手を出さなくなった。

喧嘩で負けても、みんなでやり返しに行った」

　ホセは憎悪に満ち溢れた顔をした。ウイスキーの入ったショットグラスを握りしめた。一口で飲み干した。悲しい過去を消したかったのだろう。

「クリスタルでトラブルに？　私の知っているブラジル人もクリスタルでヤクザとトラブルになっていました」

　ホセは、ジロリと私を睨んだ。

「さっきの話、いじめは大人になってからも続いている。仕事しても一緒に働く日本人たちに差別された。前は大手電機メーカーの工場にいたが、どんなに辛くても他に働く場所がないから我慢してきた。でも、限界だ。大人になったから、殴ったら仕事はできなくなるし、警察に捕まるかも。文句言って辞めた。それからクリスタルとか売り出した。今も外国人マフィアグループでいじめられている。ペルー人だから」

　日本で暮らす日本人の私には想像できないが、ホセは変えることのできない自らの出自によって、とてつもない苦しみを味わっていた。

「みんな仕事はしています？」

「大体、みんな仕事してる。でも、俺とかみたいに仕事辞めた人間はお金ない。食べられない。自分で飲食店とかもできない。だから、クリスタル売るとか、車、バイク盗むとか、日本人から金取るとか。クラブで、日本人の女をナンパして騙すこともある。その女に稼がせることとする。他の仕事あれば今すぐに辞めたい。悪いことしてると思ってる」

ホセの話を聞いて、大泉町、太田市を中心に活動をする外国人マフィアグループの実態が見えてきた。明確に悪質な犯罪利益集団ではなく、協力し合い生き抜く側面も持ち合わせている。けれども、ホセのように一部のメンバーは犯罪行為に走っているのも事実だ。

「日本のヤクザとは仲良いですか？　繋がりありますか？」

「あまりない。よく喧嘩した後に、ヤクザの仕事手伝えとか言われる。手伝ったこともあるけど、良いことなかった。お金を誤魔化してくる。ヤクザは警察とも仲良いから、なるべく関わらない」

大泉町、太田市を中心に活動をする外国人マフィアグループは、暴力団との関係性は乏しいようだ。また、警察とのパイプもほとんど持っていない。

「私も苦労してる。女だから男と違って、別の意味で酷い目に遭った。日本人の男にたくさん騙された。ブラジル人の女ってだけで馬鹿にされる。この店にも何度もヤクザが来て、お金払わされてる。最近も。あいつら、何の役にも立たないのに」

ホセに対して、ママが同情するような顔で話をする。ホセと同じく、ブラジル人のママも苦労しているらしい。

「この店はほとんどブラジル人、ペルー人、ボリビア人がお客。だけど、時々、日本人来る。でも、ブラジル人の女口説くのが目的。あなたみたいの珍しい。何の仕事をしてる?」

「ライターです」

その瞬間、ママの顔が凍り付いた。ホセの表情も曇っている。さっきまでの打ち解けた空気が一変してしまった。

「帰ってくれ」

ホセは今にも私を殴りそうな顔で言った。私はテーブルに1万円札を置いてバーを出た。慣れてはいるが、取材対象に嫌われるのは、とてもやるせない気持ちになる。私は歩きながら、最寄り駅の東武鉄道の西小泉駅に向かった。西小泉駅前に着くと、ホセをバーで袋叩きにした外国人マフィアグループのブラジル人集団がたむろしていた。私は気にせず、改札内に入ろうとした。

「日本人、気を付けろ!」

「調子に乗るな!」

挑発的な言葉が浴びせられる。私は無視して改札内に入った。ブラジル人集団が私を嘲笑う声が聞こえた。大泉町の掲げる「多文化共生」とは程遠い現実を、私は目の当たりにした。

その後、ホセが外国人マフィアグループから逃げ出すように脱退したことを噂で聞いた。日本人による差別から外国人マフィアグループに入ったホセは、そのかけがえのない居場所さえも失ってしまったのである。

ボスの述懐

２０２０年3月、私は南一番街の某所で外国人勢力のボスと会っていた。以前、パチンコ店で隣の席に座ってから約5ヶ月が経過している。外国人勢力が仕切る違法管理売春地帯に私が何度か通ううちに、少しずつ打ち解けていったのだ。単なるスケベな日本人の男だと私は思われているのだろう。

新型コロナウイルス感染拡大で、日本社会はとてつもない混乱となった。その影響は南一番街にも襲い掛かってきた。人との接触を避けて感染予防をする自粛要請がなされ、飲食店は勿論、接客をするキャバクラやスナック、性的サービスをする風俗店などは濃厚接触の危険があるために客が激減。南一番街は閑古鳥が鳴く状況となり、多くの店が経営難に追い込まれた。

そして、新型コロナウイルス感染拡大は深刻な風評被害をもたらした。

「南一番街は中国人や外国人が多いから危険だ」

「都内から遊びにくる人間も多いから、あそこには行くな」

　南一番街には大勢の外国人がいるし、都内から訪れる客も多かった。格好の叩かれる場所となったのである。それは南一番街で生きる外国人勢力の違法な管理売春地帯にも大きなダメージを与えた。

「もう商売にならないよ。女の子たちの給料も大変。ペレとミキは連絡取れないけど、追う気ないよ。あいつらに、2人合わせて300万ぐらい金を貸してたんだけどなあ。特にペレの紹介で会ったミキはホスト狂いで借金が凄かったよ。シャブ（覚醒剤）もやるし、ペレと付き合ってからもいろいろな男と遊んでた。その中には半グレもいた。どこのキャバクラ、スナック、風俗でも問題起こす。ヤクザの金を盗んだりもして追われてた。困ってたから助けたり、仕事あげてたのに。寂しいよなあ」

　外国人勢力のボスは残念そうな表情で言った。私は外国人勢力のボスのことを誤解していたかもしれなかった。ミキから聞いたように違法管理売春地帯の労働環境は劣悪だろう。しかし、外国人勢力のボスは負債を背負わされて逃げられた被害者でもあった。

「うちに来るのは、働くところがない外国人の女だったり、オーバーステイとか訳ありの女だよ。中国、韓国、ベトナム、タイが多いかな。ブラジルとか南米系の女は少ないね。

日本人の女はほとんどいない。ぼったくりもしないし、リスク高いだけでそんなに儲からないよ。今はデリヘルにチェンジをしている途中だったんだけど、このコロナ騒ぎじゃなあ。しばらく、風俗のビジネスは駄目だね」

冷酷で警戒心が強いと予想していたのだが、外国人勢力のボスはとても気さくな性格で、どちらかというと昔気質の義理人情に厚い経営者的な人間に感じた。

「これからは何をして儲けていきますか？」

私は突っ込んだ質問をした。裏社会で生きる人間と話をする際、一定の信頼関係ができるまではシノギについて尋ねることはタブーとされている。私の問いかけにボスは今までの柔和な表情を一変させた。

「協力するか？　それなら教えられる」

外国人勢力のボスは、ギョロっとした目で私を凝視しながら言った。私の全身から冷や汗が噴出する。金縛りになって、声が出なくなりそうな感覚に陥る。

「うーん、聞いてみないと分かりません」

私は震えた声で答えた。外国人勢力のボスは、私の方に身を乗り出して小声で話をしてくる。この場所に、私たち2人以外は誰もいないのにだ。

「本当はペレとミキにも手伝わせようとしてた。シャブの密輸をする。数百万円、いや数千万円が動く。私、中国と台湾の組織と繋がりある。大量に仕入れる仲介に入るだけ。成功させれば、しばらく飯食える。私の仲間たち、面倒見ている風俗をする女たち、ご飯食べれる。みんなの人生、助ける。今はコロナでヤクザも動けない。最近、おとなしいよ。喧嘩どころじゃない。チャンスだよ」

外国人勢力のボスの顔は強い決意に満ちていた。ここまでの金額が動く違法薬物の取引で逮捕されれば10年以上の長い刑務所生活になる。

「そこまでの金額だと、死人が出るレベルですね。僕が人生を懸けてまでやるかというと、すいませんが無理です」

私ははっきりと断り、頭を下げた。

「いいよ。いいよ。刑務所入っても何の得もないからね。こんな話しちゃって悪かったね」

私が顔を上げると、外国人勢力のボスは笑っていた。

「ボスはどうして仲間のことを考えているんですか？　昔、とても苦労されたことがあるんですか？」

ドブのような裏社会に長年生きる中で、外国人勢力のボスは何を見ているのか。

「昔の話はいいよ。嫌なことたくさん。苦労はした。けど、楽しいし良い思いもしてきたよ。でも、裏切られてばかり。裏切られたのは、自分の力ないのが理由」

助けられなかった仲間を思い出しているのだろうか。外国人勢力のボスの表情には深い悲しみが満ちていた。

その後のミキ

群馬県の某所で、私は久しぶりにミキと会った。目の前にいるミキは、以前とは比べ物にならないぐらいぶくぶくと太っていた。化粧をしていない顔を初めて見たが、肌が荒れに荒れていた。

相変わらず、覚醒剤浸りなのか。覚醒剤を常用すると、初期は食欲が減退し痩せる。だが、その後は過食期になり、太ることも多いのだ。少なくはない覚醒剤中毒者と会ってきた私の持つ知識である。

「これからどうするの？　ボスには挨拶はしないの？」

私はあえて借金のことは触れずに尋ねた。ミキは困惑した表情をした。

「ボスには挨拶できない。お世話になったから悪いと思ってる。これから、どことは教えられないけど、ペレと遠い場所に行く。２人でそこで暮らす。仕事も見つかっているみたい。ミキも適当に働く。もうこっちにはいられない」

申し訳なさそうにミキは答えた。好き勝手生きるのはいいが、人に迷惑をかけるのは許せない。私は内心、憤っていた。

「これ」

ミキから、白黒の写真を手渡された。丸い円の中に影のようなものが見える。

「親もペレも許してくれなかった。誰の子どもか分からなかったけど、産みたかった……」

静かに涙を流すミキ。私はすぐに全てを理解した。

妊娠中に赤ちゃんの様子を確認する超音波診断の際に撮影されたエコー写真だ。ミキのお腹の中を写した写真には、豆粒のような胎児がかすかに確認できる。ミキは妊娠していたのである。そして、病院で中絶をしたのだ。誰の子どもか分からないほどいろいろな男に避妊もされずに抱かれてきたのだろう。

「私に似てるかな」

私は生気のない死んだような顔をしたミキに答えた。

「ミキに似てるよ」

「堕ろして……、本当にごめんなさい……」

ミキは頭を抱えて泣き崩れた。私は泣きじゃくるミキの姿をただ見ていた。掛けていい言葉が浮かばない。生まれることが叶わなかった1つの命。それも外国人マフィアが生んだ被害者なのかもしれない。私はエコー写真に向かい、キリスト教の作法に則り、十字架を切った。

第6章
現役ヤクザ幹部に聞く外国人マフィアの見解

【回答者】関東の広域指定暴力団幹部・50代

——（真樹）本日はお忙しい中、インタビューを受けていただき、ありがとうございます。よろしくお願い致します。

幹部　そんなにかしこまらなくていいよ。気楽にね。言える範囲のことしか話せないけど。よろしく。

——まず、現役ヤクザの幹部の方が、大きな括りでいう外国人マフィアをどう見ているかをお聞きできればと思います。

幹部　自分たちがこれだけ暴対法（暴力団対策法）で警察に締めあげられている中、正直うらやましいよな。今、ヤクザは銀行口座は作れないし、ゴルフ場や飲食店も入れない。車、不動産も駄目だ。冠婚葬祭さえできない。葬儀も、警察当局から葬儀場に貸すなと指導がいく。ヤクザへの利益供与になるというわけ。家族葬という形式なら大丈夫だが、バレたらアウトだ。警察の反社（反社会勢力）チェックは本当に厳しい。こないだ出前で事務所に弁当も頼めなかった。弁当屋からすればまとまった注文が入るヤクザ事務所はありがたい。良いお客さんだから売りたいのにだよ。車の免許の住所と住んでいる場所が違うだけで逮捕されるしな。そんなこと一般人ならありえないよ。

それに対して、外国人マフィアは日本のヤクザのように名簿もない。警察も誰がメンバーか把握できていないだろうし、捕まっても刑期はヤクザより軽い。怒羅権のように準暴力団指定をされても、ヤクザとは段違いに甘い。シノギでバッティングすることもあるし、本音を言えば外国人マフィアは邪魔な存在だな。

――暴対法と暴排条例（暴力団排除条例）は人権侵害に近いという見方もありますね。日本国憲法にも抵触する可能性もあります。ですが、外国人マフィアが邪魔な存在だというのが意外でした。外国人マフィアとトラブルや衝突はあるのですか？

幹部　大ごとにはなっていないけど、今でも揉めたりはあるよ。最近でもあった。基本的にはきちんとアガリを納めさせているからね。でも、序列はできているな。あいつらがその場の勢いで噛み付いて歯向かったりしてきても、結局はヤクザには勝てないのが分かるから次の日には話が付いちゃうものなんだよ。

こっちは警察から雁字搦めにされて動けないんだから、外国人マフィアとの関係は利用した方がいい。あっちもそうだろうしな。その場限りの短期で金稼ぎをする外国人マフィアはいるし、警察当局は実態が分からないから捕まえようがない。これからもどんどん外国人マフィアを使うヤクザが増えるんだろうな。

——暴対法と暴排条例でヤクザを締め付けた先が、外国人マフィアの台頭とは皮肉なものですね。例えば、どのようなシノギをヤクザと外国人マフィアはやるのでしょうか？

幹部　自分の知っているのだと服屋だね。よく、アフリカ出身の外国人マフィアが、繁華街で日本の気の弱そうな若い奴に声をかけて売るような狭い服屋をやるよ。ヤクザが偽ブランドの服を用意している。家賃も相当、安く済むらしいから楽なシノギだよな。あとは、その服屋は立ち退き関係でも使ってるのを聞いた。退去命令が出ているビルとかで、家賃なんて払わずに服屋を開いちまうらしいんだ。文句言われても、日本語が分からない振りなんてしちゃって。あいつら、身体はでかいし迫力があるからなかなか追い出せないよ。

——ところで外国人マフィアで多いシノギが薬物密輸、密売のイメージがあるのですがそこはいかがでしょうか？　やっぱり外国から薬を持ってくるのに、外国人マフィアが絡んでいるケースが多い気がします。

幹部　ヤクザでご法度な行為は、薬、もしもし（ヤクザ用語でオレオレ詐欺の意味）、つっこみ（ヤクザ用語で強姦）、タタキ（ヤクザ用語で強盗）などがあるけれども、それはシノギが厳しくて表向きの建て前になりつつあるのが実情だ。自分はやらしいことが大嫌いな性分だからしないが、真面目で優しいヤクザは儲からない。

ご法度なシノギで外国人マフィアを使っているヤクザは結構いるね。例えば、まとまった量のシャブ（覚醒剤）なんかを仕入れるには都合が良い。今、シャブの値段は警察の取り締まり強化もあり高騰していて、相場が1キロで1000万から1000万後半いかないぐらいの金額かな。リスクが非常に伴うから、そうした中で大量にシャブを密輸できる外国人マフィアはヤクザから重宝される。あとは、外国人マフィアとは関係ないけど、飛行機の機長や客室乗務員にヤクザは擦り寄ろうとするね。乗客と違って、空港の持ち込み検査のチェックが少し甘いらしいんだ。まさか、機長や客室乗務員が薬物を密輸するとは思わないよな。ヤクザは何でも物事の隙を突くんだ。

――2019年6月に、静岡県南伊豆町の港で覚醒剤約1トン（末端価格約600億円相当）を船で密輸したとして、覚醒剤取締法違反の疑いで中国籍の男7人が逮捕されました。日本史上最大の覚醒剤密輸事件としてメディアは取り上げましたし、裏社会でも大きな話題となりました。警視庁は背後にヤクザが関与していると長期間の内偵をおこなった末に、逮捕に踏み切れたと聞きます。

また、同月に香港から覚醒剤約43キロ（末端価格約25億8000万円相当）を船で密輸したとして、警視庁は覚醒剤取締法違反の疑いで、メキシコ国籍の男1人とイラン国籍の男2人の計3人を逮捕しました。警視庁は背後にヤクザと国際的な密輸集団が関わっていると見て、長期間の泳がせ捜査をおこなった末に逮捕をしたといいます。最近の象徴的なヤクザと外国人マフィアが共同して起こした大きな事件だと思います。

幹部　これは恐らくの話になってしまうけれども、司法取引的なものがあると思うよ。日本では司法取引が2018年6月から導入されたが、ヤクザは完全に組織犯罪集団としてマークされている。大きな薬物密輸事件を挙げるためなら、検察や警察は何でもする。

昔はヤクザと警察との強い交友関係があった。事件が挙がる前に警察から連絡がきて、組員の誰を逮捕者で差し出すかを話し合うなんてよくあった。現在はきちんとそれができていないんだ。最近でも警察とヤクザは飲んだりしているが、金なんかの受け渡しは難しい。一昔前は警察と飲みながら情報交換をしてポケットに札をねじ込んだりしたが、今は絶対に金は受け取らない。そういう関係だと、ヤクザも警察に情報を渡せないよな。昔は持ちつ持たれつでやってきたから、どう考えても警察だけの収入だと買えない時計を付けていたり、高級車に乗っていたり、良い家を買ったヤクザ担当の警官なんかがゴロゴロいたんだ。

癒着しなくなったのは世間の目と、ヤクザ壊滅を掲げるキャリア組の意向だろうな。実際にヤクザと関わるノンキャリアの現場組からすれば、ヤクザから情報が取れないので困っていると思うよ。だから結構、犯人が挙がらない事件が増えているね。警察は情報がないから、事件が起きてもどこの組織の誰が怪しいとか分からないんだよ。その点で司法取引はヤクザ潰しには画期的だ。

――最近はヤクザと芸能人の関係を問題にするスキャンダルが多いですが、ピエール瀧、田口淳之介など芸能人の薬物事件も相次いでいますね。そこのところも警察が誰から仕入れたかの背後関係を調べたい意図的なものだと思います。

芸能人と薬物というと、昔だと田代まさし、酒井法子、押尾学、少し前に小向美奈子、高部あい、ＡＳＫＡ、清原和博、田中聖などの事件がありました。芸能人が外国人マフィアから薬物を買ったりすることはあるのでしょうか？

幹部　芸能人は背後関係がよく分からない外国人マフィアからは薬を買わない。政治家秘書や官僚なんかもそうだ。病院の院長とかもいるらしい。バレたら商売できなくなるからね。値段が高くても、口の堅いところから芸能人は買う。ヤクザからすれば芸能人は良い客だ。外国人マフィアが関係していたりだと、昔から大使館にいる外交官とかと取引はあるようだ。コカインが多いみたいだ。シャブと違って、コカインってところが外交官はオシャレだよな。シャブだと米軍との受け渡しはよく聞く。警察は、大使館や米軍基地が絡んでいると政治的な問題になってしまうため動きたくない。大使館、米軍基地の中には警察は入れないし、外交官、米軍の車には手を出せない。

あとは外国人マフィアだと薬を売買する際のタタキで動くね。シャブっていうのは時間で相場が変わるんだ。仕入れる時に一気に大量に買わないと駄目らしい。当然、1キロ買う時には1000万近い現金が必要になる。そこを外国人マフィアがタタキに来るんだ。

――タタキでいえば、ここ最近はヤクザ関係者が狙われる事件が相次いでいますね。多額の現金が入ったバッグや金庫が強奪されたりなどで、逮捕者まで出ています。ヤクザにはメンツがありますから、基本的に被害届も出せません。表沙汰になっているのは氷山の一角でしょう。噂では犯人は半グレや外国人マフィアだと聞きます。昨今、多発しているタタキは、やはり外国人マフィアが絡んでいるのでしょうか?

幹部　そうだな。でも、大抵は身内から情報が漏れたりしているものだよ。半グレや外国人マフィアを使って、仲間にタタキするなんて本当にやらしいよな。シノギが厳しくてそこまで追い込まれているのだろう。だから自分はでかい金を運ぶ時は、本当に信頼している数人の仲間にしか話さない。どこで情報が漏れるか分からないからな。それに、半グレや外国人マフィアを利用するヤクザも相当脅えながらタタキをしているはずだ。

泥棒グループは金庫を開ける際も、全員が見ている状況で開けるみたいだよ。いつ、情報が漏れるか分からないから不安になっているんじゃないか。そういうのは嫌だよな。ヤクザはヤクザらしくだ。

——なぜ全員で金庫を開けるのですか? それよりも見張りがいた方が良いと思ってしまいます。

幹部　泥棒だからだよ。泥棒なんてする奴らは、盗みをやっている同士でもお互いを信用していない。金額を誤魔化されないようにだ。取り分とかあるだろ。そこからヤクザにも金を入れるんだ。金庫ごと持って行ってしまうこともある。身内の金を狙う、筋もへったくれもない酷い奴らだ。

——詐欺で言えば、2019年に入ってから、タイを拠点にする日本人詐欺グループのメンバーが続々と逮捕をされています。タイにアジトを置き、日本の高齢者に電話やメールをして金銭を騙し取る明確な詐欺なのにもかかわらず、拠点がタイという海外であると日本の警察も手を出し辛かったそうです。こちらの相次ぐ詐欺にも、警察発表だと背後にヤクザや外国人マフィアがいるとして捜査をしています。実際のところはどうなのでしょうか？

幹部　この件は別として、詐欺なんかは半グレや外国人マフィアの裏にヤクザがいるよな。拠点を海外にする詐欺なら、日本にいる外国人マフィアと、現地の外国人マフィアが連携したものが多い。詐欺の現場をタイやフィリピンなどの東南アジア諸国にするのは、事件が発覚しにくいからだ。よく、指名手配されている人間とかも逃亡先に選ぶだろ。それでいて、全然捕まらない。賄賂が日常茶飯事だからね。

——過去の詐欺事件だと、2016年5月に日本中のコンビニのATMで、南アフリカの銀行の顧客データから作られた偽造クレジットカードが一斉に使用され、多額の金が引き出された事件がありました。100人程の集団が2時間弱の短時間で18億円程の金額を引き出した事件は大きな話題となりました。その後の警察の捜査で逮捕者も出て、ヤクザと半グレと外国人マフィアが結託をして成功させた犯罪行為だということが分かっています。いまだに警察は事件の全容は掴めていません。

そうした中で警察関係者からの情報で、関東連合以外の半グレ集団、怒羅権以外の外国人マフィアグループも今後は準暴力団指定をされていく可能性があると聞いています。関東連合や怒羅権のメンバーには一部にヤクザになった者もいます。これから先、ヤクザになろうとする外国人マフィアも出てくるのではと思います。準暴力団指定を受けるのなら、本職のバリバリのヤクザになる外国人マフィアが増加するのではないでしょうか？

幹部　自分はそうは思わないね。準暴力団指定をされても、ヤクザにはならないと予想する。よっぽどの理由がなければね。うちの組も外国人マフィアが10人ぐらい手伝いに来ていたことがあったけど、どこかに消えちまったな。うちの組で外国人だと1人、東南アジアの国から日本に来てヤクザになった奴がいた。難民とかで来ていたと思うから大変だったんだろう。今、ヤクザになろうとする人間なんて皆無だよ。現実のヤクザの実数は、10年前の3分の1だね。警察、メディア、ネットで出ている人数の3分の1ぐらいじゃないかな。ヤクザが組織を大きく見せるために、集合写真にバイトを使ったりもあるんだぜ。それぐらいヤクザの世界は厳しいんだ。

自分は死ぬまでヤクザを辞める気はないけれども、もし若かったら今からヤクザをやろうとは思わない。一昔前のようにヤクザになれば、誰でも高級車を乗り回し、ブランド服を着て、キャバクラで派手に遊べる時代ではないんだ。ヤクザも正業を持つ時代だよ。そうしなければ、ヤクザの未来なんて見えない。米国の大統領令で名指しで制裁を受けるぐらいだ。5年後、10年後はまだ大丈夫だろうが、20年後を考えると組織があるかどうかさえ分からない。

現代ヤクザは宗教の世界だよ。上納金はお布施のようなものだ。見返りなんて求めないことだ。リスクしかないヤクザの世界に入ろうとする外国人マフィアなんていないだろう。真逆だよ。

——そのような状況下だと、昔の人情味あるヤクザではなく、シノギのうまい経済ヤクザばかりになりそうですね。そして、ヤクザ同士で命を取り合う派手な抗争をおこなうのは難しい時代ですね。現在の抗争は昔と違い、警察の取り締まり強化により、ヤクザの刑期は重くなりましたし、組長にも責任が及ぶ可能性があります。それを避けるために、素手、工具、金属バット、火炎瓶、車などで攻撃をし、ヤクザの代名詞でもある飛び道具（拳銃）や刃物を使わずに襲撃をおこなっていることが多いですね。まれに拳銃や刃物を使用しても、昔のように自首をせずに証拠は残さないようにしていますね。

よく、裏社会系のメディアにおいて外国人の鉄砲玉が増加しているという内容の記事が多いのですが、実際にヤクザの抗争で外国人マフィアを使ったりすることはあるのでしょうか？

幹部　それはあんまり聞かないかな。ヤクザだったら喧嘩は自分でやらなきゃという心理がある。ただ、昔と違って身体を懸けて懲役に行っても親分を巻き込んでしまいかねない。ヤクザは刑期が重いから塀の中で一生を過ごすかもしれない。出所しても、組が無くなっている可能性も大だ。

よく勘違いされているが、ヤクザの武闘派というのは後先考えていないわけじゃない。イケイケでもしっかり計算してやるものだったんだ。刑務所に行く時も出所して出てきた際も手厚く支えたものだ。でも、今のヤクザは抗争で身体を懸ける人間は伸びしろのある若い衆じゃない。持病があって寿命がわずかな者だったり、借金まみれで嫁や子どものために死んででも金を残さなければいけない人間がほとんどだ。

――では、外国人マフィアが台頭する中で、これからのヤクザはどうなっていくと思いますか？　衰退していってしまうのでしょうか？

幹部　すでにヤクザでいるメリットはないし、必然的に離脱者は出るよ。組織としてご法度なシノギである薬や詐欺をして捕まった組員を破門しても、釈放されたら復帰させたりするからな。表向きの破門なんかがあるんだ。何だか悲しいよな。

これからはきちんと正業を持ったヤクザしか残っていかないだろうな。それでもヤクザって生き方はカッコ良いだろ。男らしいって感じでさ。今でも、ヤクザに憧れて入ってくる若い人間はいるよ。そういう奴を大切にしなきゃな。

――シノギのうまい経済ヤクザしか生き残れなくなってくると、ヤクザからもあぶれてしまう組員が出てくることはありませんか？

幹部　それには、若い衆の意見を受け入れる器量のある親分が必要だ。上層部の幹部連中は柔軟性を持って、若い衆が自由にやれる組織にしていかなければならない。うちの会の中でも、自分のいる組は珍しく若い衆が集まっている。それはなぜか。決まりも緩いし、うるさいことは言わないからだ。若い衆の服装が可笑しかったり、メールで絵文字を使ってきても、自分は何も言わないよ。昔だったらボコボコにしていたけどな。どうしても年齢と共に人間は頭が固くなる。スマホが使えないような爺さん連中の考えが主流な組織じゃ駄目なんだ。若い衆の発想は自分が考えられないようなことをするから本当に凄いよ。
勿論、ヤクザだから肝は据わっていなきゃいけないし覚悟と信念は重要だが、自分はヤクザとしての道を踏み外さなければいいと思っているよ。若い衆を伸ばしていく度量のない親分や幹部連中がいない組は消えていくだろうな。

――若い人たちが自由に動くことができ、後押ししてもらえる組織はとても魅力的だと思います。

幹部　時代と共にヤクザも変化していかなきゃだ。でも、変わらない部分もある。自分は自己犠牲をできないヤクザは伸びないと思っている。今も仲間は懲役でムショ（刑務所の略）にいるが、自分は絶対に見捨てない。組のために懲役を務めている人間と家族を、しっかり面倒見るのがヤクザだ。たとえ、組が解散しても、そいつらのためなら自分は金を作りカンパを集めてでも何とかする気持ちだ。
自分は死ぬまでヤクザだ。自分の組の本当に大切な仲間のタマ（「命」の意味）を取られたら、今でも誰かにやらせることはしないで自分の手で殺した人間を取りにいくと思う。

懲役なんて務めるつもりはない。それが自分の死ぬ時だ。

――最後に今後、外国人マフィアがどのように勢力拡大をしていくかを聞かせていただけますか？

幹部　それが半グレや外国人マフィアの台頭でどうにもならなくて、警察の上層部からいろいろな親分連中にヤクザに対しての取り締まりを少し緩くしようとする話がされているらしい。自分も直接聞いている。そりゃそうだよな。地下に潜んで誰がメンバーだか分からない外国人マフィアより、堂々と表に看板を掲げて名簿も出すヤクザの方が良いに決まっているじゃないか。分かり切ったことだよ。そうなれば、外国人マフィアも楽じゃなくなるな。

――本日は大変長い時間、貴重なお話をありがとうございました。

おわりに

近年は、犯罪行為を繰り返す「半グレ」と呼ばれる不良集団に対する取り締まりが強化されている。半グレといえば、２０１２年に発生した「六本木クラブ襲撃事件」等を起こして世間を賑わせて準暴力団指定をされた〝関東連合〟が有名だろう。関東連合は東京都世田谷区や杉並区の暴走族のＯＢらが複雑に混在した集団であった。

昨今では２０１９年7月に放送されたＮＨＫスペシャル「半グレ　反社会勢力の実像」に、堂々と顔出しの出演をして驚愕させた大阪ミナミを拠点とする半グレ集団〝テポドングループ〟リーダー、「テポドン」こと吉満勇介（本名・籠池勇介）を２０１９年8月に恐喝未遂容疑で逮捕、同年10月には〝拳月《けんむん》〟グループリーダーで元格闘家の相良正幸を強制性交容疑で逮捕をした。

さらに同年11月には〝アビス〟のリーダー、菅野深海《すがのしんかい》を傷害容疑で逮捕、同年同月には〝モロッコ〟のリーダー、岡本一樹を窃盗容疑で逮捕をした。２０２０年2月には、同じくモロッコのリーダー格である梶諒ら8人を傷害と暴力行為等処罰法違反の疑いで逮捕した。全国の警察当局は相次いで半グレの摘発をおこない、警戒を強めている。

暴力団認定はされておらず、暴力団対策法が適用されない半グレ。事務所はどこか分からず、持たないことさえも多い。誰がメンバーかも曖昧で、組織の実態解明は極めて困難だ。私の旧知の仲である警視庁関係者は頭を抱えながらこう言った。

「まるで終わりの見えない、モグラ叩きをしているようだ」

アウトロー社会において、新たな勢力として台頭し話題となった半グレ。その元祖といわれるグループが、警察庁から2013年に準暴力団指定をされた、中国残留孤児の2世、3世を中心に組織された集団〝怒羅権〟だ。第二次世界大戦の犠牲者である中国残留孤児らの中でドロップアウトした者たちが、日本で生きていくために団結し結成した集団だ。

日本の暴力団組織に一歩も引かず喧嘩をし、窃盗団、違法薬物売買、特殊詐欺に関わり、国際的コネクションを活かした犯罪行為もしているという。

怒羅権は半グレの象徴的存在として世間に名を轟かせているが、その実態はメディアなどできちんと伝えられていないのが現状だと感じている。

それもそのはず、怒羅権は役職者や名簿の公表をしない。暴力団と違い、メンバーの把握は極めて困難だ。暴力団のような上下の序列が重視される集団ではなく、緩やかな横のラインで繋がっているという。怒羅権は、警察の網を掻い潜る自由な半グレ集団の先駆けである。

私は強固な信頼関係を築いている暴力団関係者の紹介で、記事にする際には匿名で出すこと、発表前に原稿を見せること、プライバシーは必ず守ることを前提に取材を要請したが、強い警戒心から拒否されてしまった。だが、その後私は怒羅権関係者（40代）に話を聞くことに成功する。都内某所の飲食店で取材をさせていただいた。

「関東連合と同じく、怒羅権は元々、暴走族だったんだ。中国マフィアのイメージがあるけど、成り立ちは暴走族だよ。暴走族なんだけど、日本人の暴走族とは違ったね。とんでもなく貧乏だったんだよ。金がないから川とか海で魚釣りをして飯食ってるんだぜ。日本人からは馬鹿にされるよな」

窃盗団、違法薬物の売買、振り込め詐欺などに関わり、億単位の金を動かす集団として、数々のメディアで取り上げられている現在の怒羅権からは想像もつかないエピソードだ。

「さすがに日本人からすれば驚くよな。着ている服とかもオシャレじゃなくて汚いしね。元々の怒羅権は貧しい中国残留孤児が、生きていくために集まった組織だった。縦というよりは横の繋がりな集団。でも、現在は表のビジネスで成功している人間も多い。だから、喧嘩ばっかりしてきた初期の中国残留孤児の怒羅権の連中からすれば、組織として大分変わったと思うだろうね。今、怒羅権は日本人のメンバーがほとんどだからね。それぐらい怒羅権という名前が、不良の世界で売れたってこと。怒羅権というネームが、ブランドになっちゃったんだよね」

現在の怒羅権は、中国残留孤児への差別や貧困に抗うための集団ではなくなっている。日本社会による差別、貧困という呪いが生み出した怒羅権が、日本の裏社会をも呑み込んでしまったのだ。

私は今回、外国人マフィアを取材して身を持って理解できた。暴力集団の原点は、日本社会からドロップアウトした者たちの集合体である。

外国人であれば、差別と偏見に溢れる日本社会で生き抜くことは過酷極まりない。仕事がなく金を持っていなければ、どうしようもなくなる。何が善悪かは関係なく、仲間たちと連帯し飯を食うために犯罪をする。それが生きる手段であるからだ。怒羅権も最初はそうであった。やがて、暴力団を利用し、暴力団と対立し、暴力団以上の攻撃力を身に付けた。

これから日本は少子高齢化と労働者不足を解消するために、出入国管理法を改正してまで、外国人を利用する政策を推し進めている。しかし、外国人を受け入れる態勢が日本に整っているのだろうか。私は否であると思っている。そうであれば、日本社会からドロップアウトする外国人の増加は免れない。

まだ、怒羅権のように暴力団と変わらない強固な組織体系には、他の外国人マフィアはなっていない。現段階では、仲間同士が集まった緩やかな外国人不良グループであることを私は取材を通じて感じた。

第2、第3の怒羅権を作り出さないためには、外国人との共存共栄に誠意を持って日本社会が取り組んでいくことだ。それができなかったとすれば、遠くない将来、外国人マフィアは日本社会に根を張り巡らし、不可侵の犯罪の温床と化してしまうのかもしれない。

2021年5月　真樹哲也

文庫版あとがき

私はいつも裏社会に入り込んで仕事をしていた。裏社会の新興勢力・外国人マフィアの取材も問題なくこなせると思っていた。が、それは大きな間違いだった。

外国人マフィアの取材は、想像をはるかに超える過酷なものだった。外国人マフィアから、脅され、殴られ、金を取られ、薬を盛られ、ハンマーで攻撃をされ、取り込まれそうになり、私の心身は壊された。本を書き上げた時、私は当たり前に飯が食え、平凡に生きられることの幸せを理解した。それから私は表社会で生活をすることを選び、裏社会に関わる文章を書く仕事を制限するようになっていった。

『ルポ外国人マフィア』の発売から約1年半が経過し、外国人マフィア勢力はどう変化したか。警察庁組織犯罪対策部が発表をする『令和3年における組織犯罪の情勢』の来日外国人犯罪情勢には次のように記されている。

「日本人によるものと比べて多人数で組織的に行われる傾向があり、出身国や地域別に組織化されているものがある」

「より巧妙かつ効率的に犯罪を実行するため、様々な国籍の構成員が役割を分担するなど、構成員が多国籍化しているものもある」

「このほか面識のない外国人同士がSNSを通じて連絡を取り合いながら犯行に及んだ例もみられる」

外国人マフィアの犯罪手法のレベルは日に日に高度化している。

外国人マフィアが逮捕をされる度に、「外国人のせいで日本の治安が悪くなっている」「不良外国人はどうしようもない」といった声がインターネット上に溢れかえる。

しかし、私がこの本で書いたように、外国人マフィアが犯罪に手を染めた背景には、日本における労働力不足から外国人を呼んで搾取する構図が紛れもなく存在している。昨今、ベトナム人不良グループが急増し、頻繁にニュースを賑わしているのは、まさにそのことが理由だ。近年、日本で増加するベトナム人の多くは、技能実習生や留学生の在留資格で入国する。私はその当事者たちに会って取材をしてきた。大金が稼げる。良い仕事もある。貧しい家族のために頑張ろう。そうした野心や夢を抱き、来日したベトナム人たち。しかし、劣悪な労働環境からドロップアウトしマフィアになったベトナム人はこう嘆いた。

「騙された。ジャパンドリームなんて、嘘。日本人のやらない仕事、ベトナム人にさせているだけ。お金借りて日本に来た。どうすればいい」

不良化してグループを結成し、犯罪をすることは絶対に肯定はできない。しかし、外国人マフィアが出現した原因のひとつには、信じて憧れたジャパンドリームに裏切られたことがある。

なぜ、私がこの本を書けたのか。私自身もドロップアウトした人間だからだと思う。取材中、いつも取り込まれないように注意をしていたが、結果的に外国人マフィアの激しい怒りや悲しみに触れ、その熱量に翻弄され続けた。

2022年、8月。岸田文雄総理大臣は、年間30万人の外国人留学生の受け入れを目指す日本政府の目標を見直し、さらに留学生を増やすための計画を発表した。また、翌月の9月には、海外から外国人人材の受け入れを増加する制度を拡充すると表明した。

これからも日本政府は労働力獲得のために、外国人を呼び寄せ利用する。外国人を道具のように使う日本が外国人マフィアによる犯罪の温床と化していくことは間違いない。裏社会の勢力図も、大きく変化していくだろう。

最後に、読者の皆様、取材に協力をして頂いた皆様、版元である彩図社の方々、取材過程において助言をいただいた草下シンヤ編集長にお礼を申し上げ、文庫化に寄せてのあとがきを締めくくりたい。

2022年11月　真樹哲也

【著者略歴】
真樹哲也（まき・てつや）
1985年、北関東出身。フリーライター。
裏社会に入り込んで取材をし、アンダーグラウンド記事を書くことを得意としている。公安警察関係など数々の情報機関ともやり取りを行い、著書多数。本書の取材では身の危険を感じたため新たな筆名で執筆した。裏社会の取材を行う中で彼らに取り込まれないようにすることに注意している。

日本で暗躍する外国人マフィア
勃興する新たな犯罪集団

2022年12月12日　第一刷

著　者　真樹哲也

発行人　山田有司

発行所　〒170-0005
株式会社　彩図社
東京都豊島区南大塚3-24-4
MTビル
TEL：03-5985-8213　FAX：03-5985-8224

印刷所　新灯印刷株式会社
URL　https://www.saiz.co.jp
https://twitter.com/saiz_sha

ISBN978-4-8013-0633-2　C0195

彩図社好評既刊本

ルポ西成
七十八日間ドヤ街生活

國友　公司　著

国立大学を卒業したものの、就職することができなかった著者は、大阪西成区のあいりん地区に足を踏み入れた。ヤクザ、指名手配犯、博打場、生活保護……マイナスイメージで語られることが多いあいりん地区で2か月半の間、生活をしてみると、どんな景色が見えてくるのか?
西成の住人と共に働き、笑い、涙した、78日間の体験ルポ。

ISBN978-4-8013-0483-3　文庫判　本体682円＋税